SEALDsの真実

SEALDsとしばき隊の分析と解剖

「世に倦む日日」主宰
田中宏和 著

鹿砦社

自明の理は真実、死守するのだ！　実体のある世界は存在し、その法則は変わらない。石は硬く、水は湿っていて、支えられていない物体は地球の中心に向かって落ちる。オブライエンに話しかけるような、そして、重要な公理を発表するような気分で、彼は書いた——

自由とは二足す二が四であると言える自由である。その自由が認められるならば、他の自由はすべて後からついてくる。

——ジョージ・オーウェル『一九八四年』より（早川文庫P.125）

もくじ

SEALDｓの真実——SEALDｓとしばき隊の分析と解剖

第3章　SEALDsをめぐる知識人の動き

おわりに

はじめに――SEALDs《シールズ》とその暗部「しばき隊」

1

SEALDsとは何か、しばき隊とは何か。本書は、その問題について昨年（2015年）ブログで発表してきた論稿を纏めたものである。この問題に対して正面から考察と分析を加えることは、現在の日本の政治においてきわめて重要であり、関心の高い問題でありながら、本格的な試みがなされていない状態にある。SEALDsとしばき隊についての言論は、国内では二つの対極の勢力にはっきりと分かれていて、左翼リベラルはそれを一方的に美化し礼賛するだけであり、右翼はそれを非難し貶価するのみで終始している。SEALDsとしばき隊に対する議論は、議論する者がイデオロギー的な立場に前提的に立ち、政治的な目的を達成するためのみに行われていて、公平で知的で客観的な対象化の営みが行われたものがない。

本書が試みているのは、SEALDsとしばき隊に対する理性的な批判である。批判とは、『広辞苑』（第二版）の定義と説明によれば、その「価値・能力・正当性・妥当性などを評価・検討すること」であり、「事物を分析してその各々の意味・価値を認め、全体の意味との関係を明らかにし、その存在の論理的基礎を明らかにすること」である。すなわち、本書に編まれたものは、別の言葉でいえば、ＳＥＡＬＤｓとしばき隊を社会科学的に解明して本質的な概念を与えることに挑んだ作業の集積であり、現時点での到達点を示したものだということになる。

左翼リベラルの側からのＳＥＡＬＤｓに対する批判の言論は、昨年9月、安保法成立直後に辺見庸がネットの公開日記で行ったものがあり、大きな騒動となって波紋を広げたのは周知のとおりである。この事件は、その後、共産党による辺見庸との赤旗紙上対談の一方的なキャンセルの事態に繋がり、対談を仲介した『週刊金曜日』と辺見庸との間のトラブルへと発展し、『週刊金曜日』から出版して好評を博していた著書『1★9★3★7』の版権引き上げ（注：その後「増補版」を河出書房新社より刊行）という予期せぬアクシデントが惹き起こされることとなった。対談のキャンセルが辺見庸によるＳＥＡＬＤｓ批判に起因することは明らかで、他に理由は考えられない。辺見庸のＳＥＡＬＤｓ批判は、結論としては当を得た鋭い指摘だったに違いないけれど、そこで使われた言葉があまりに下品で、甚だしく挑発的かつ感情的であり、取りつく島もない過激な表現の噴出と羅列であったため、残念ながら冷静な政治論議の材料とされることなく、単に衝撃の大きさだけが残り、今日まで後味悪く尾を引き摺る顚末となっている。

ただ、この国で最後の知識人として期待され、時代を透視して発する言葉に常に注目が集まる辺見庸が、ＳＥＡＬＤｓを痛罵して国会前デモを一蹴した事実は、この時代に真面目に政治を考える市民にとって看過できない問題であり、意味を内在的に考える態度を持ってよい思想的事件だろう。アカデミーの者たちが、辺見庸の言葉を重く受け止めて、誠実に根源的なところから思惟を働かせることをしなかったことは、私には残念なことのように思われる。

本書は、辺見庸と基本的に同じ立場と観点に立ちつつ、ＳＥＡＬＤｓ運動の真実と意味を政治学の言葉で捉えて対象化しようと模索したものである。

2

私たちは、昨年夏、どうして安保法の成立を阻止できなかったのだろう。本書に収められた論稿は、その理由を探り当てようと思考して深部を手掘り作業したものである。私たちは、本当に、最初から安保法を阻止することができなかったのだろうか。安倍晋三が衆院3分の2の権力を持っているため、どう足掻いても物理的に阻止することは無理だったのだろうか。それとも、実際には阻止は可能で、戦略戦術の選択と時機の采配さえ間違わず、動くべき者が動くべきときに動くべき配置で正しく動けば、強行採決阻止という政治の果実を得ることができたのだろうか。そのことを、特に第1章を読みながら一緒に考えていただきたい。

私は、阻止は可能だったとする立場である。そして、阻止できなかったのは阻止しようとする側にミスがあったからだという判断に立つ。最も大きな敗北の原因は、テレビ報道（『報道ステーション（報ステ）』と『NEWS23』）が、6月までは法案反対の主役として論陣を張らせていた憲法学者を引っ込め、7月からSEALDsと国会前デモに主役を切り替えたため、反対世論のモメンタムが衰退してしまった点にあると考える。つまり、野球で喩えれば継投策の失敗だ。SEALDsと「学者の会」はと世論を覚醒させて牽引することができなかった。

現代の政治の現場はテレビである。夜のテレビの報道番組の言葉と映像が、まさに政治戦が進行しているリアルなフィールドであり、キャスターとコメンテーターの言動によって、スタッフが撮影編集した映像によって、世論が左右され、政治の行方が方向づけられる。放送法によって中立表象の前提が与えられ、視聴者が一方的に情報提供され同時的に「集会参加」させられるテレビで、局側が何を見せるか、何をどう意味づけるかで、この国の政治の流れは決まり、国民の政治意識が定義づけられてゆく。テレビの前に座る自己の意見が、政治の流れの右なのか左なのか真ん中なのか、多数派にいるのか少数派にいるのか、全体の中の位相が決まって行く。

長谷部恭男が衆院の憲法審査会で安保法案を違憲だと断じた6月4日以降、明らかに世論は法案阻止へ傾き、安倍政権の支持率は低下して行った。国民は憲法学者の立憲主義の講義に啓発され、憲法学者の反安保・反安倍の主張に熱心に耳を傾けて肯いていた。あのまま、月曜から木曜のテレビ報道に、木村草太、石川健治、長谷部恭男、小林節の４人が生出演し続け、日替わりで立憲主義の概論の教育と啓蒙を続けていたならば、政権支持率は7月末には30％を切る線まで下落したかもしれない。だが、テレビ局はそれをせず、ＳＥＡＬＤｓを登板させて9月まで主役を張らせ、スポットライトを浴びせ続ける進行に出る。結局、政権支持率は回復、そのまま9月を迎えてしまった。

国民はＳＥＡＬＤｓを支持していないのである。国民の中のマジョリティである無党派層は、昨年夏、憲法学者を支持したけれどもＳＥＡＬＤｓを支持しなかった。なぜかと言うと、ＳＥＡＬＤｓには国民が耳を傾ける言葉がなく、言葉が貧相で、政治の説得力がなかったからだ。左系マスコミ（朝日や毎日、テレ朝やＴＢＳ）が、国民の支持を受ける中身を持っていないＳＥＡＬＤｓをシンボルに据え、国会前にカメラの定点を置き、反安倍・反安保の報道キャンペーンを張ったため、思惑に反して策は奏功せず、法案反対の世論は熱と勢いを失い、法案阻止の取り組みは失敗した。

国民がＳＥＡＬＤｓを支持していないことは、秋以降の各地の選挙戦（大阪市長選、宜野湾市長選、八王子市長選、京都市長選）において、ＳＥＡＬＤｓが前面に出て応援活動をやりながら大差で敗れている事実からも証明される。左系マスコミの報道や左翼リベラルのネット言論は、ＳＥＡＬＤｓを奇跡の天使のように崇め奉り、その「カリスマ性」を無闇に演出して過剰に賛美するのだが、実際にはＳＥＡＬＤｓにはそのような実力も資質もなく、擬似的なカリスマ粉飾がされ、黒子の手で背後から操作がされているだけなのだ。ハリボテの神輿なのである。

結局のところ、私たちは安保法を阻止できず、60年安保のときのように安倍晋三を退陣させることもできなかった。村山談話も安倍談話にリプレイスされた。完敗だった。安倍政権の支持率は、強行採決から2か月の早さで50%に戻ってしまった。昨年の体験を、「2015年安保」などと大仰に呼ぶのは間違っていて、それはデモに関与した当事者たちの作為的な自己正当化と自画自賛の産物であり、意義を無理やり過大評価して既成事実化しようとする動機からの歴史の捏造工作に他ならない。

このような不当な言説を鵜呑みにし肯定することは、60年安保の歴史的意義を台無しにする行為であって、戦後の平和と民主主義の運動を冒瀆する結果に繋がってしまう。デモに集まった人数は、2012年7月16日に代々木公園で開催された「さようなら原発10万人集会」の方が、2015年8月30日の国会前デモより多かった。前者は主催者発表17万人（警察発表7万人）であり、後者は主催者発表12万人（警察発表3万人）である。

3

SEALDsは、昨年の5月に結成された学生の政治運動団体である。結成されたばかりの団体の最初のデモは渋谷で行われたが、なぜかマスコミが大勢詰めかけ、デモの先頭にカメラの放列ができ、大々的にマスコミで報道されネットで情報が拡散された。まさに、企業が新製品を出すときに催すローンチイベントのようであり、この団体の動きが、左系マスコミ（朝日、毎日、東京新聞、『週刊金曜日』）と一体のもので、周到に計画され準備されたプロジェクトの挙行であることは歴然だった。
ＳＥＡＬＤｓの前身はＳＡＳＰＬ（特定秘密保護法に反対する学生有志の会）で、さらにその前身はＴＡＺ（一時的自主管理区域）と言い、奥田愛基らが「反原連」（首都圏反原発連合）の官邸前デモを見学し、そこから活動が始まっている。２０１２年だから、奥田愛基が大学２年のときで、この当時からの親しい関係をTwitterで野間易通が自慢していて興味深い。２０１３年12月にＳＡＳＰＬが結成されてから、２０１４年中には、赤旗や東京新聞や朝日などにはよく紙面に取り上げられていて、いわば左翼リベラルの世界では知られた顔の存在になっていた。つまり、赤旗や東京新聞や朝日や毎日の記者と人脈を作っていた。

　昨年6月、ＳＥＡＬＤｓが金曜夜の国会前でデモを始めたとき、テレ朝とＴＢＳが彼らの活動と私生活の様子を番組で詳細に取り上げて特集報道的に紹介する。最初から局側が全面的に持ち上げた構成と編集であり、ＳＥＡＬＤｓを積極的に押し出す解説と演出で宣伝報道が流された。その特別待遇のテレビ報道のフォーカスとラッシュによって、ＳＥＡＬＤｓは一躍全国的に有名な存在になって脚光を浴びる。時を同じくして、しばき隊は「あざらし隊」を結成してＳＥＡＬＤｓの国会前デモを支援する親衛隊の役割を果たす。

　金曜国会前のデモは、それまでずっと、しばき隊（反原連）がその場を既得権益のように押さえている政治活動で、その場をそのままSEALDsを主役に移管した形だったが、デモのロジスティックスをしばき隊が仕切っていることは、Twitterのやり取りを見れば一目瞭然だった。出自と経緯からして、SEALDsはしばき隊の運動のデリバティブであり、しばき隊の弟分格の集団であり、しばき隊からダーティな属性を取り除いた善玉役（クリーンな神輿）のキャクターと言っていい。

しばき隊とは、在特会など右翼と街頭で抗争する狭義の団体、彼らが自ら「カウンター」と呼ぶ「反ヘイト」の団体のみを指すのではなく、広義の、すなわち2012年の反原連以降の、野間易通や竹内真（bcxxx）や木下ちがやが中心になって活動している政治運動体のことを指す。2012年の反原連の活動も、その当時は未だ「しばき隊」という言葉はなかったが、しばき隊の活動として括って考察の対象にするべきだろう。最近は、「エキタス」という名前の、最低賃金1500円以上をめざす労働者の運動も発起させていて、彼らはどんどん活動の手を広げている。ネットの中の左翼リベラルの言論は、現状、ほぼ完全にしばき隊が制圧する形勢になっているといってよく、最早、左翼リベラルとしばき隊との間の境界線が分からないほど大勢力に拡大しているといっても過言ではない。

2012年の反原連の官邸前デモ、2013年の反在特会の街頭デモ（カウンター）の頃は、これほど大勢力ではなく、しばき隊は左翼リベラルの個々とネットで抗争を繰り広げていた集団だった。が、2015年のSEALDs運動の後は、彼らは完全な正統の位置を摑んだ感があり、しばき隊・

ＳＥＡＬＤｓに同調してまつろわぬ者がすっかり立場がなくなり、日陰者の異端となって排斥されている状況がある。もとより、その地平に至るにおいては、共産党のしばき隊への接近と癒着という事実が大きく、２０１２年の官邸前脱原発デモ、２０１３年の在日差別反対デモを通して、共産党としばき隊は昵懇で蜜月の関係になって行き、組織的に公然とWinWinの関係となった。

4

しばき隊が左翼リベラルの世界において異端から正統に化けるにおいては、小熊英二が果たした役割がきわめて大きい点を指摘しなくてはならない。２０１２年の官邸前デモのときから、小熊英二はこの運動にぴったり寄り添い、反原連の幹部たちと堅密に接触、例の、野田佳彦との官邸内直接会談を仲介するフィクサー役を演じたが、野間易通の最初の著作である『金曜官邸前抗議』（２０１２年12月）が河出書房新社から刊行されたのも、小熊英二の関与と支援が大きかったのは確実だろう。本の中にも小熊英二の文章が入っている。小熊英二のエンドースと引き立てによって、しばき隊№1の野間易通は、本来なら、その粗暴で凶悪きわまる、病的な攻撃衝動で人に迷惑をかけるトラブルメーカーの態度と言動によって、良識ある市民から疎んじられ、一般社会から信用をされず毛嫌いされ、要注意人物のゴロツキの身となるのが当然でありながら、左翼リベラル業界の人脈を得て論壇の名士に収まり、有名出版社から自在に本を出せる著名人になった。小熊英二が野間易通に箝を付けて出世させた。しばき隊のプロデューサーは小熊英二だと言えよう。

また、小熊英二がしばき隊のイデオローグであり、この組織と運動に価値を付与し担保する最終的な理論的権威的中枢、すなわち、丸山真男の『政事の構造』の所論に登場する「うしろみ」の大御所の存在でもある。２０１２年の金曜官邸前デモのとき、小熊英二はしばしば国会記者会館の前庭にいて、連れてきた自分の子どもと一緒に楽しそうに遊び戯れ、塀のこちら側の、蒸し暑く窮屈な歩道空間に押し込められて立ち並ぶデモ参加者に、颯爽として愉快そうな表情を見せていた。朝日新聞を読んでいると、朝日の論壇委員である小熊英二が、紙面編集と論説内容にどれだけ大きな影響力を持っているかがよく分かる。しばき隊と野間易通は、朝日や『ＡＥＲＡ』の記事では徹底的に美化され偶像化されて紹介されている。

おそらく、小熊英二と野間易通の二人は思想的に相通ずる部分があるのだろう。二人に共通していると思われる点は、政治について深い知識と理解がない点であり、政治について関心や欲求はありながら、政治についての基礎的な認識と理解が弱い点である。二人とも、政治を社会運動にフォーカスした視線で捉えていて、政治の歴史やイデオロギーについて注意深く重厚に思考を及ぼすところがない。デモのムーブメントには関心があり、権力にも生臭い意欲があるが、ムーブメントの基底や断層や複雑な背景について成熟した意味把握や探究ができていない。一言で言えば、社会学的な政治関心のレベルに止まっている。視圏（パースペクティブ）がデモの範疇にしかなく、マスコミとネットの表面を流れる浅くて狭い言論と言説の動向にしかない。政治学の概念がなく、政治学の方法での考察と分析がない。

二人の一致点は、この国の古い左翼の運動はだめだという観念であり、自分たちが古い左翼の限界を超える運動を展開させ、60年安保の歴史を超える、「デモ＝民主主義」の大いなる地平をこの国に出現させてやるという衝動と野望と自信である。何やら、小熊英二の中には、戦後民主主義のリーダーである丸山真男への対抗意識のようなものが窺われ、丸山真男に並ぶ歴史的な栄誉を得たい、傑出した指導者としての名声を確立したいという野心と動機が見え隠れしているのではないかと、２０１２年官邸前からの小熊英二の行動と所論を見ながら私は勘ぐっている。もしそうだとすれば、対抗心は結構なことだけれど、理論的な中身と次元があまりにも違いすぎる点は付言しておかないといけないだろう。

5

二人に共通している重要なポイントとして注意を喚起しておきたいのは、現行憲法に対する態度、特に憲法9条に対する安易で空疎で間違った認識と判断である。小熊英二は、『マガジン9条』に載せた発言の中で、「僕は別に9条は世界の理想だから世界中に広めようとか、そういうことは考えていません。はっきり言って、そんなことが実現するとは思えませんから」と言い捨てている。また、

『9条が世界の宝です』という言い方は（略）戦争体験者が多かった時代にしか通用しない方法だろうと思います」「そのような言い方はもう限界だろうと思っています」と言い、9条護憲の主張は戦後政治の中で左翼勢力が大同団結するための便宜的なスローガンにすぎなかったと蔑視して切り捨てている。憲法9条の理想の堅持と追求に対して、意味を軽んじて距離を置いた見方を隠さない。野間易通の方はもっと率直かつ露骨で、堂々と、「憲法9条2項は改正または削除すべし」と言い放っている。

ちなみに、SEALDsの牛田悦正も「僕は9条を変えたほうがいいと思ってる」と本（『民主主義ってなんだ？』）の中で語っていて、SEALDs学者で後ろ盾の高橋源一郎も、「僕も9条は変えたほうがいいと思っている」（同）と賛同し、SEALDsの改憲論をオーソライズして世間にコミットしている。SEALDsとしばき隊は改憲派の集団だ。この点、SEALDsを熱烈に支持して自己同一化している左翼リベラルの諸氏は、問題を正視して深刻に捉える必要があるだろう。

この国の政治について成熟した認識を持つ者は、憲法9条に対する立場の如何がどれほど重要で、揺るがせにできない、決定的で根底的な問題かを心得ている。どれほど右翼がその思想的態度をプリミティブに戯画化して矮小視しても、市民たる者のレゾンデートルが懸かった、譲れない最後の一線の問題だ。小熊英二的な、憲法9条の理想と原理を無用に相対視したり、9条護憲の歴史と努力に対して斜に構えた冷淡な姿勢をとることが、どれほど未熟で幼稚な偏見の産物で、そして危険な反動に撞着する契機を孕む思想的悪弊かを察知している。

そうした小熊英二的な軽薄な「プラグマティズム」なり「リアリズム」の立場や議論が、実は政治やイデオロギーについての無知が媒介するもので、戦後民主主義の歴史的真実を知らない者の錯誤であることを悟り、その陥穽に導かれる思考回路を要注意して回避する知恵と信念を私たちは持っている。その知恵と信念を持つこと、護憲の立場を安易に動かさないことが、この国の平和を守り、人々の幸福な日常を守る術だと肝に銘じている。憲法9条に対するシンプルな態度の設定と判別は、まさに市民としての知性の確かさを問われる問題であり、社会科学的に正常な精神を持っているかどうかを見分ける基本的メルクマールに他ならない。改憲論を平気で嘯くSEALDｓとしばき隊は、市民の知性的水準において失格であり、社会科学的精神の練度において落第である。教育と学習が必要だ。

6

２０１２年の官邸前脱原発デモ、２０１３年の反在特会抗議デモ、２０１５年のSEALDｓ運動の大展開と、順調に次々と政治運動を成功させ、左翼リベラルの政治世界で一大勢力となって影響力を広げ、地位を築き権勢と権益を拡大させてきたしばき隊（野間一派）が、初めてと言ってもいい大きな挫折の経験に直面した。それは、昨年（２０１５年）11月に起きた「しばき隊事件」である。

「しばき隊事件」は、11月初旬に起きた「はすみリスト事件」と、11月下旬に起きた「新潟日報事件」と、二つの事件によって構成されている。二つの事件の子細は、第2章に収められた論稿に詳述しているので確認をお願いしたい。

この事件を通じて、「しばき隊」のNo.2である竹内真（bcxxx）がTwitterの活動を停止して地下に潜り、「はすみリスト事件」を起こした当事者の久保田某が会社退職に追い込まれた。二人を含めてしばき隊員の身元が次々と暴かれ、2chで集中攻撃を受けて炎上する「祭り」の騒ぎが続き、しばき隊側はなすすべなく叩かれるままという状態が2週間続いた。また、しばき隊とSEALDsを批判していた新潟の弁護士・高島章を卑劣にTwitterで脅迫していた新潟日報社の坂本秀樹が、逆に高島章の勇敢な捕り物によって取り押さえられ、覆面が剥がれ、無期懲戒停職の目に遭う始末となった。

さらに、しばき隊の顧問弁護士である神原元が、高島章を含む複数の市民から、所属する横浜弁護士会に懲戒請求を受け、その一つは綱紀委員会の審査をパスして懲戒委員会に付議された事実が明らかとなった。これは異例のことだ。「自由法曹団」の常任理事である神原元は、この国の人権派弁護士の代表格のような男であり、その者が、他人の人権を侵害したかどで、複数の市民から所属弁護士会に懲戒請求を受け、しかも第一段階の綱紀審査を通ったことは、司法にとっても、左翼リベラルにとっても、まさに前代未聞の由々しき事態の発生と言わなくてはいけない。

弁護士法と弁護士倫理を厳守し、この国の正義と人権を守るべく奉職する身であるはずの弁護士が、他人の人権を乱暴に侵害して非難と追及を受ける立場となった。神原元が関わった人権侵害事件が白日の下に曝され、そのうちの特に醜悪な一つには、しばき隊草創期からの一員である高千穂商科大の五野井郁夫が加害者として関与していることが明らかとなった。これらの出来事が11月に連続して重なり、しばき隊の凶暴で独善的な正体が露わになって、高島章が指弾し喝破したとおり、しばき隊が市民社会にとって害毒の存在であり、ネット空間で言論活動する者にとって脅威であり、憲法が保障する言論の自由の権利行使にとっての障害であることが一般に広く知れわたって印象づけられた。

これまで、しばき隊の暴力事件や人権侵害行為について批判することはタブーであり、しばき隊を構成する主要な人物を批判することもタブーに近かった。しばき隊は、反原連のデモや反在特会のデモを通じて、そして、その活動を一方的に礼賛する朝日や毎日や東京新聞の報道を通じて、左翼リベラルの世界で「正義の英雄」の表象を定着させ、さらにＳＥＡＬＤｓ運動の推進主体として絶対的な評価を固めた存在に成り上がっていたからである。しばき隊を批判することは、もっぱら右翼の所業であり、しばき隊批判がリベラルの見地から正当な価値を持つ言論だと見られることはなかったのだ。しばき隊への批判はリベラルの中で自粛自制の空気となり、遠慮の半強制となり、臭いものに蓋がされ、ひたすら賛美の方向にのみ同調圧力がかかった。

だから、しばき隊の暴力の被害を受けた者は、常に多勢に無勢を余儀なくされ、状況的に不利であり、侮辱と罵倒と誹謗中傷を受け続けた。デマを拡散され続け、一方的に不当視される側に回り、Twitter 空間でのしばき隊の怒濤のリンチ攻撃を受け、誰からも救援も弁護もされず、中学校の学級でいじめを受けた生徒のように孤立し、泣き寝入りして我慢するしかなかった。

しばき隊の暴力は凄惨かつ狡猾であり、野間易通は暴力の技術をよく心得ていて、それを効果的に使って目的を達成する方法を知っている。

7

しばき隊とは、まさに暴力を名前に冠した集団である。暴力主義を体現した集団だ。関西の言葉である「しばく」の意味は、「殴る・蹴るなどの暴力をふるう」だ。名は体をあらわす。彼らがその集団と運動にこの名称を付けたのは、決して冗談でも洒落でもなく、自らの政治目的を暴力を手段にして達成するという含意と志向の表明であり、図々しく毒々しい暴力団の開き直りのスタイルである。

暴力を使って政敵を威圧し恐怖させる手法は、これまで40年以上、この国の左翼の世界では縁がなかった。あさま山荘事件と山岳ベース事件の反省の後、この国の左翼は暴力を思想的に否定し、政治の手段として放棄し、蔵の奥に厳重なカギをかけて封印処分した。根絶し一掃したはずの暴力を、おそらくは、誕生したときは左翼でも何でもなかったしばき隊が、左翼の蔵の隅から無造作に取り出して積極活用することになったのだ。YouTubeに生々しい証拠映像が幾つか上がっているが、Twitter空間の日常では、しばき隊による暴力が毎日のように荒れ狂っていて、誰もそれを制止することができない。侮辱、挑発、罵倒、恫喝、脅迫、嫌がらせ、デマ拡散、誹謗中傷、個人情報晒し、集団リンチ、法律しばき。攻撃相手に放たれるそれらの暴言と悶着の罵声が、野間易通とその子分のTwitterから消えた日は一日もない。しばき隊は暴力の駆使と活用によって急速に勢力を拡大し、左翼リベラルの界隈で目障りな者を片っ端から蹴散らし、相手を屈服させ沈黙させて台頭を遂げた。

共産党の志位和夫や不破哲三に典型的なように、70年代以降の日本の左翼の標準タイプは、紳士的で理知的な言論と態度で説得を試みる行動様式を崩さず、言葉遣いが丁寧で、どこまでも言論の中身と品質で自己の優越性を証明し、その見解と立場と提案への同意と納得を獲得しようとするところを特徴とする。長年、品位ある共産党幹部の絵を見続けた者は、それが左翼の標準プロトコルだと了解する通念を持っていたが、現在の左翼リベラルの空間で覇者として跳梁跋扈しているしばき隊は、そうした標準イメージとは全く異なるグロテスクなまでに狂暴な人格性と集団性を示している。彼らは従来の左翼リベラルのイメージを一変させた。

思えば、侮辱、挑発、罵倒、恫喝、脅迫、嫌がらせ、デマ拡散、誹謗中傷、個人情報晒し、集団リンチ等々のネットでの卑劣で悪辣な暴力行為は、１９９０年代後半以降、右翼に特有の習性と悪癖だった。右翼による暴力の乱用と動員が、司法によって規制されぬまま積み重なってネットの政治空間での常態となり、見慣れた荒廃した光景として定着した後、左側からそっくりノウハウを応用したのがしばき隊だ。暴力が政敵論敵への攻撃において効果的であることを、しばき隊の創始者はよく見抜き、10年以上の実践と訓練を通じて技術に磨きをかけたのだろう。ネットで「尊師」と仇名されて呼ばれる創始者は、自らの集団を「しばき隊」と堂々と命名した。しばき隊は、40年ぶりにこの国の左翼の世界に復活した暴力の悪魔である。

そのしばき隊が、共産党に接近し、共産党と癒着した。最近の共産党の活動家のTwitterでは、これが共産党かと驚くような野蛮な暴言を平気で吐いてくる。しばき隊のプロトコルがそのまま伝染、移植されていて、過去の過度なほど品行方正で分別のあるスタンダードな共産党像との彼我に愕然とならざるを得ない。

ここで、経験に基づく政治学的直観として構図が二重写しにインスピレーションされるのは、70年代前半の、部落解放同盟と社会党との関係であり、部落解放同盟による政敵（当時の共産党）に対する凄絶で苛烈な暴力の歴史である。このとき、組織の足腰の弱い社会党は地域社会で勢力を衰退させ、教組や市職の現場における権力闘争で共産党に押されつつあった。共産党に対抗し、共産党の進撃を阻止するべく暴力装置となったのが部落解放同盟である。１９７４年の八鹿高校事件の惨劇を想起されたい。社会党と解放同盟はWinWinの関係であり、社会党はその暴力の効能と威力を自己の権力維持のために重宝し活用した。過去と現在と、二つの政党と暴力装置の図が相似形に見え、歴史の弁証法のアイロニーに見えるのは私だけだろうか。

小選挙区制が施行され、この国が二大政党制の完成を指向してより、共産党がこの国の政治で活躍する場は失われ、国民から期待を受けることなく、テレビに出れば揶揄と侮辱を受け、政治の世界における絶滅危惧種同然の端数政党に落剥していた。遡って１９８０年代以降、バブル経済とソ連崩壊、「政治改革」から政権交代と、30年以上、日本政治で共産党の出番はなかった。

かつてのような大衆運動を組織し動員する実力を失っていた共産党にとって、目の前に出現したしばき隊は眩く、奇貨の存在であり、その路上とネット上での軍事力は垂涎の魅力だったに違いない。しばき隊の路上デモのスタイルや、№２の竹内真（bcxxx）がデザインするプラカードやTシャツ等の制作物も、共産党に若返りの針路と新鮮な活力をもたらす画期的なマテリアルの発見の契機を与えたことだろう。

共産党としばき隊が共同関係を深めたのは、２０１２年の官邸前デモを起点とするが、２０１３年参院選東京選挙区での吉良よし子の応援、２０１４年都知事選での宇都宮健児の応援と続き、特に都知事選では、しばき隊（ＴＤＣ）の大活躍によって宇都宮健児が細川護煕を抑えて次点になるという「画期的な勝利」を遂げる。共産党の選挙活動にとってしばき隊は不可欠のパートナーの存在になっていた。ネット選挙が解禁され、ネット右翼に優るとも劣らぬしばき隊の獰猛な暴力的戦闘力が真価を発揮する局面が到来したのである。実際の政治的成果として、しばき隊が共産党の機動部隊となり、共産党の選挙活動のフロントを仕切るようになってから、共産党の集票と議席は着実に増え続け、永田町で存在感を持つ「確かな野党」へと甦った。

一方、しばき隊の方も、吉良よし子や池内沙織がしばき隊のTシャツを着用して頻繁に写真に収まり、いわばモデルとなって組織の広告塔を演じてもらうことによって、世評では物議を醸して毀誉褒貶のある自らの活動を化粧し、正当化のアピールとプレゼンテーションの成果を得るという利益を受け取った。共産党がしばき隊をオーソライズした。正式にバックについた。今や共産党にとって、しばき隊はなくてはならない頼もしい用心棒である。

だが、70年代の西日本各地の地域社会において、まさしく解放同盟が社会党にとってなくてはならぬ存在となり、ズブズブの依存症の関係となり、その反市民社会的な歪んだ結託と癒着によって地域住民の信頼が社会党から離れ、社会党の死期が早まった事実も忘れてはならない。体力が弱った落ち目の社会党は、生き残ろうとして間違った選択をした。暴力に依存した。麻薬を摑んだ。暴力という悪魔と手を握った。私たちはこの歴史の教訓を忘れてはいけない。

今、しばき隊と共産党は、ＳＥＡＬＤｓと「市民連合」という大きな政治運動の媒介環の装置も用意して、リベラルの市民全体を「野党共闘」という名の「ノアの方舟」に乗船させつつある。反安保・反安倍の政治を「野党共闘」で実現するのだという戦略と方向を掲げ、その共闘の輪にリベラルの市民全員を参加させようとしている。「ノアの方舟」のプロジェクトは成功しつつあるように見える。しかし、私たちは「野党共闘」の方舟に乗ってよいのだろうか。「野党共闘」の集合に包摂されてよいのだろうか。

戦争を避けること、憲法を守ること、格差と貧困を生む新自由主義の経済を転換すること、人間がまともに暮らせる社会に戻すこと、それらの目標を実現するのに、本当にこの方舟に乗って航海に出ることだけが唯一の選択肢なのだろうか。私は、そうではない、別の道があるはずだとする立場と認識である。もしも、しばき隊と共産党との結合が、かつての解放同盟と社会党の関係のアナロジーが適合する、そもそも市民の幸福とは無縁な、党利党略と私利私欲が結びつき、生き残りの動機と利権欲・権勢欲との不純な結合であったなら、出航する「野党共闘」の「ノアの方舟」は、タイタニック号の悲劇となり破綻の運命となるだろう。

そして、脱出できない海上の「ノアの方舟」の内部は、丸山真男がそのファシズム論でキー概念として説明したところのグライヒシャルトゥング（強制的同質化）の壁の内側となり、すなわち、スターリン主義的な強制と暴力によって市民が虐待される閉ざされた鉄の空間となるだろう。しばき隊に逆らって抵抗する者は、容赦なく、オーウェルの『１９８４年』的な拷問の地獄となるだろう。

8

どうして「野党共闘」に賛同しないのか、どうしてSEALDsと「市民連合」の運動に共鳴しないのか、しばき隊と共産党の路線と指導に異議を唱えることは、リベラル全体への不遜な叛逆であり、敵である安倍晋三と右翼に与力することだと、そういう無神経な批判が私に向かって投げつけられる。足を引っ張ることはやめろなどと、場合によっては主観的に親身な助言として、場合によっては脅迫と威嚇の意味でTweetの礫が飛んでくる。

そうした指摘に対しては、丸山真男が『科学としての政治学』で提示した政治学をする者の方法的心得の一般論をもって反論の足場にしたい。丸山真男はこう言っている。

「しかしながら、学者が現実の政治的事象や現存する諸々のイデオロギーを考察の素材とする場合にも、彼を内面的に導くものはつねに真理価値でなければならぬ。（略）たとえ彼が相争う党派の一方に属し、その党派の担う政治理念のために日夜闘っているという場合にあっても、一たび政治的現実の科学的な分析の立場に立つときには、彼の一切の政治的意欲、希望、好意をば、ひたすら認識の要求に従属させねばならないのであって、この『禁欲』の精神に貫かれていない限り、彼のものする『理論的大著』と政党のパンフレットとの間には単にヴォリュームの相異しかないのである。政治学が政治の科学として現実的たろうとするに急なるあまり、他方政治の科学たる所以をふみこえて現実の政党勢力の奴婢となることは、その前途に横たわる第二の陥穽といわねばならぬ」（未来社『現代政治の思想と行動』旧版P352）。

私は、特定党派や特定勢力の奴婢にはならない。どこまでも、丸山真男に従って、政治的現実の客観的で科学的な分析を旨とする。眼前で、左翼リベラルの神聖な大義として担がれ動いている「野党共闘」の政治を、無批判に受け入れてはならないだろう。そこには看過されている重大な欺瞞と陥穽があるはずで、その内実を勇気を出して科学的に考察することが先だ。「ノアの方舟」に乗る前に、その設計図を検証し、目的と仕様と強度を確認する方が先だ。

第1章

SEALDs 運動とは何だったのか

SEALDs の集会でコールする奥田愛基

1　代弁されない7月15日の国会前
——デモのスピーチがショボすぎてふるえる

衆院特別委での法案の強行採決があった7月15日は、岸内閣が55年前に総辞職した日だった。アイク訪日が中止となり、流血の惨事となった混乱の責任をとる形で、岸信介は退陣を余儀なくされ、それ以降、日本の政治の表舞台に出ることはなかった。日本の戦後の保守政治家の場合、総理総裁を降りた後も、何かと政局に登場して口出ししたりする場合が多く、党の最高顧問として名誉職の地位が与えられ、政界で悠々自適の日々を送るものだが、岸信介の場合はやや例外で、徹底的に悪役となり、陽の当たる表に出ない「妖怪」となった。後を継いだ池田勇人は、高度成長の経済政策一直線に突き進み、岸信介の右翼路線を完全転換し、自民党政権を護憲派に旋回させたハト派のシンボルに収まって、後世の者たちから積極的な評価を受けている。

だが、60年安保のときは、岸内閣の閣僚の中でも毒々しい強硬派で、自衛隊を治安出動させて市民を武力鎮圧する案の筆頭に立ち、反対して結束する旧内務官僚たち（国家公安委員長、防衛庁事務次官、警察庁長官、警視総監）を説き伏せていた。タカ派の池田勇人が権力を掌中にすると一転してハト派に転じたのは、日本の保守政治家のパターンを示していて、小沢一郎や亀井静香がその類型を引き継いでいる例として検証・確認できるだろう。

そもそも、60年安保で武力鎮圧を阻止した旧内務官僚たちは、戦前戦中は治安維持法の容疑者を検挙し、取り調べと称して署内で拷問・虐殺していた特高の幹部の面々だ。だから、彼らに美名を与えすぎるのは適当ではないけれど、大蔵官僚の予算編成権と同じほどに、国家の治安権力行使については他には（政治家には）指一本触れさせず自分たちが仕切るという治安エリートの強烈な責任意識があり、そのおかげで流血と内戦の危機を間一髪で避けられて、この国は日本国憲法の理念（平和主義・主権在民・基本的人権）を体制定着させることができた。自民党を護憲派に旋回させ、国民全体が一丸となって高度成長に邁進することができた。１９６０年代後半から70年代を振り返って、「妖怪」と呼ばれた岸信介は一貫して悪者であり、名誉回復されることのない陰険な元Ａ級戦犯の異端の存在だったことが印象深い。特に、田中角栄が中国と国交正常化して以降はその位置づけと世間の評価が決定的だった。岸信介は、高度成長と平和外交という戦後日本のプラスシンボルの対極にある、猛々しい反共右翼の首領というマイナスイメージが際立っていて、誰からも嫌われて名前が人の口端に上らない陰険な政治家だった。安倍晋三の政治は、岸信介を地上に再来させ、岸信介の遺恨を果たし、55年前に（彼らの主観では）左に曲がったこの国を右に曲げ、岸信介の名誉回復を図ろうとする政治である。

その7月15日にデモに出かけた。感想を一言で言わせてもらうと、「スピーチがショボすぎてふるえる」だ。スピーチがよくない。レベルが低い。感動と昂奮を呼ばない。代弁されない。国会前の集会は、国会正門前交差点の北側角がセンターになっていて、そこにマイクがあり、演台に人が立って話す形式になっている。そして、正門前から垂直方向に桜田門に続く広い道路の両側の歩道と、正門前のT字型交差点から横に伸びる道路の南側歩道に人が集まるようになっていて、歩道の各所にスピーカーが設置されており、スピーチやコールが鳴り響くようになっている。２０１２年の反原発デモの頃から、主催者と警察の間でこうした取り決めと了解ができ、主催者側が事実上の権利を獲得し、警察公認の一つの公共イベントのようになったのだろう。7月15日、警察官の数は多かった。私は、午後4時すぎに地下鉄の国会議事堂前駅に到着し、首相官邸前の交差点に上がり、最初に議員会館前の市民の抗議の様子を見て、そこから左回りに歩いて国会正門前に向かった。正門前のセンターコーナーでは、「戦争させない・9条壊すな！総がかり行動実行委員会」が集会をやっていた。菱山南帆子と高田健が元気よく集会を進行させていて、Twitter の写真で見る風景がそのまま現場の絵になっている。菱山南帆子はどんなスピーチをするのだろうと期待して見ていたが、彼女は単にシュプレヒコールをリードするだけの役割だった。

付近には、多くのマスコミがカメラをセットして夜の集会の始まりを待っていた。ＴＢＳ『報道特集』の小林悠がいて、わがままそうな顔で何やらスタッフと話していた。美人は目立つ。午後5

時すぎ、その場の前座興行がお開きとなった。午後6時半から始まる本番興行まで時間があったので、長い夜の本番に備えて国会議事堂駅のトイレに戻ろうとすると、警察が横断歩道の規制を始めていて、遠回りに迂回させられる羽目になった。夕方になると警察官の数が増え、どんどん歩道の規制をかけてくる。30万人で官邸を取り囲んで安倍晋三を雪隠詰めにするのだあ、と威勢よくブログで唱えながら、警察に雪隠詰めにされて往生しているのは市民の私の方じゃないかと、炎暑の中を歩きながら苦笑してしまった。岸信介を雪隠詰めにした1960年6月の30万人は、レストルームのコンビニエンスは一体どう問題解決したのだろう。駅の自販機でミネラルウォーターを買い込み、炎天下を再び歩いて国会正門前に戻り、センターステージ前へ辿り着こうとすると、もう警察が横断歩道の規制をかけて「渡れません」と制止した。しかたなく、正門前道路の南側歩道の植え込みの縁石に腰掛け、そこで休みながら、午後6時半の「総がかり」の本番と午後7時半の「SEALDｓ」の本番を待つことにした。次第に通路を歩く人が増え、夏祭りの人混みのようになり、本番開始となった。失望させられたのは、「総がかり」のマイクからスピーカーに流れてきた言葉だ。

民主党代表の岡田克也が挨拶に来るが、目が悪いのでカメラのフラッシュをたくなとか、ライトを当てるなと執拗に注意と警告を言っている。それは健康上の問題だから悪くはないが、「総がかり」の幹部のスピーチは、徹頭徹尾、集会の「来賓」である野党幹部たちへの感謝と労いと励ましで終始していた。集会の主役は野党の幹部で、「総がかり」の幹部の関心と配慮はそこにしかなく、国会前に集まった市民へのメッセージは二の次だった。「ありがとうございます」と野党の政治家に言い続けている。ペコペコする姿が、遠く離れた歩道上からはセンターの現場を見ることができないけれど、手に取るように窺い知れる。中小企業の社長が、得意先の大企業の幹部に神経を使って営業しているようだ。野党の幹部の話も、「総がかり」の幹部の話も、無内容な紋切り調というのか、「皆さん最後までがんばりましょう」「必ず法案を撤回させましょう」の平板なフレーズの羅列で、どこまで本気なのか分からない。必死さが伝わらない。音声が伝わる側の耳には、すべからく業界系の無内容な響きなのだ。日比谷野音とかの集会で必ず目撃して脱力させられる業界左翼の業界文化。日比谷野音の左翼リベラルの集会では、正面の演台の上で演説する著名業界人が、つい先ほどまで楽屋で集会スタッフとケタケタ内輪話で盛り上がっていたような雰囲気が滲み出る。フジテレビのとんねるずとかの、あのお笑い芸人の馴れの感じが露骨に出る。言葉は定番トーク、表情は業界人の馴れ、客席はファンの機械的拍手。

前日の7月14日に実際に野音で集会があり、そこにも野党の議員が来て挨拶したらしいが、Twitterを見ていると、野党の議員たちが黒塗りの車列で会場を後にしていたという報告があり、どうして市民と一緒に会場に残ってデモ行進に参加しないのだと憤っていた。同感だ。なぜ主催者はそれを要求しないのだろう。安保法案の衆院強行採決という、これ以上ない緊迫した政治の局面で、どうしてこんな緊張感のない業界文化のプロトコルがまかり通るのか不思議でならない。

午後7時半からのＳＥＡＬＤｓの集会の方は、素人っぽさ全開の、これが政治集会の演説なのだろうかというナイーブなメッセージを前面に押し出した主催者の挨拶で始まり、コールのリフレインばかりで時間を埋める進行が続いた。若者が集まったビジュアルの構図としては悪くなく、テレビのコンテンツに編集すれば、盛り上がったデモの感じが出るものだろう。ＴＢＳも、テレ朝（テレビ朝日）も、今ではＳＥＡＬＤｓが自局の安保報道のお抱えタレントのようになっていて、全力で応援し宣伝する関係になっているため、映像は見栄えのする「カッコイイ」ものに仕上がっている。それはそれでよい。そうやって、若者たちが法案反対に立ち上がったという絵を訴求し、視聴者を説得してくれれば、反対世論は多くなり、市民の一人としてはありがたい。フジやＮＨＫが全力で安倍晋三を宣伝し支援しているのだから、テレ朝とＴＢＳはどんどんＳＥＡＬＤｓを応援すればいい。だが、目の前に動く絵がないと、スピーカーから歩道に響く音だけだと、ＳＥＡＬＤｓの集会は何とも寒い。

上野千鶴子がスピーカーに立ったが、これも学生と同じくらい中身が貧困だった。不興をかこつことに、問題意識がどうにも薄く軽い。言葉が弱い。話す原稿を準備していたのだろうか。言葉を入念に推敲した上で現場に臨んだのだろうか。7月15日に法案反対集会の演説を引き受けたのなら、55年前に岸信介が内閣総辞職した歴史から話を始め、安倍晋三が意図的にこの日に強行採決をぶつけてきた怨念と挑発を言い、そして、市民が岸信介を退陣に追い込んだ60年安保の意義を高らかに謳い上げなくてはいけなかった。55年前の市民の勝利を言い、目の前に集まった市民を鼓舞し、魂の言葉で勇気づけ、二度目の市民革命をやろうじゃないかとアジテーションしなくてはいけなかった。残念ながら、上野千鶴子の言葉には神経を集中して聞かなくてはいけないと思わせる中身がなく、ただ耳をスースーと右から左に、失望感と共に空しく抜けていくだけのものしかなかった。

主催者が提供してくれたものには、どうにも満足よりも不満が多い。私は集会の一参加者として、感じたままを隠さず書く。それが政治的に悪い影響になるとか、改善方向に繋がるだろうとか、そんなことは一切考慮しない。絵の見えない歩道上の参加者は、スピーカーの音だけが全てなのだ。音声を聞きに来ているのだ。音声情報のプレゼンテーションに感動できなくては、集会に参加した意味は半減となる。頭数になって貢献したという自己満足しか残らない。けれども最後に、それでは集会が不満ばかりだったかと言うと、決してそうではない。満足もあった。それは、参加していた2万人ほどの市民の姿だ。30代から40代の者が多かった。仕事帰りのサラリーマンや女性も多く、みんな真剣にその場に足を運んでいた。スピーカーの音に耳を傾け、共感できる言葉をじっと待っていた。言葉に飢えていた。代弁されに来ていた。

その姿に心を揺さぶられた。市民の姿を見てふるえた。今後の闘志が少しわき、満足して家路についた。少し場違いな感想だが、最近、特に感じるのは、政治の格差社会という問題だ。底辺に、歩道に集結した2万人のひたむきな市民がいる。純粋に法案廃止を願って集会に参加している。頂点に、本当は法案に賛成だか反対だか分からないのに、「皆さん、最後までがんばりましょう」とへラヘラ言っている野党の議員がいる。「安倍政権の間は集団的自衛権に反対だ」と平然と言いのける野党の職業政治家がいる。その中間に、ひたすら上の方を見て営業している業界の業者と、業者に依頼されてスピーチする緊張感のない業界人（学者とか）がいる。昔はこんな構造ではなかったのではないか。政治も経済と同じ格差構造になった感を否めない。

（15年7月17日）

2 「鼓腹撃壌」と政治の世代
──日本の政治と個体の生き方への仮説と断想

毎週毎週、全国何十か所もの都市で、安保法案に反対のデモが行われている。国会前では平日も行われていて、途切れることがなく、むしろ勢いが増している。衆院で強行採決が行われたことによって、デモに参加する市民の熱気も、それを伝える報道の論調も、安倍批判のボルテージはさらに高まっていて、国民的な盛り上がりを見せている。毎週毎週、全国で何万人もの市民が「首相退陣」を求めてデモをする風景など、これまで一度も見たことがない。３年前の脱原発運動も同じほど盛り上がったが、「首相退陣」は要求になく、6月に始まって7月末にはすぐに下火になった。今回は、6月、7月とずっと続き、８月、９月とさらに噴火の規模が拡大することが予想される。週末（7／18）、今度は田勢康弘のテレ東（テレビ東京）の報道番組が「ＳＥＡＬＤｓ」を特集し、先週（7／11）の

ＴＢＳ『報道特集』に続いて学生デモを絶賛、生放送で強力に宣伝する動きに出た。テレ朝、ＴＢＳに続いて、テレ東がＳＥＡＬＤｓの応援団の中に入った。テレビ局が競うようにＳＥＡＬＤｓにコンタクトし、コラボ報道でブームを演出し、同じプロモーショントークでモメンタムの増強を支援している。現時点で、学生デモは「国民的」表象の獲得に成功していて、政治における正義と公益の代表となり、悪の安倍晋三を討滅するという〈物語〉の構図を固めてしまった。今は内閣支持率は35％もあるけれど、予測すれば、これから1か月半で10％は下がるだろう。

70年前の戦争をふり返る季節になる。広島と長崎がテレビに映る。天皇陛下の言葉も出る。平和を守ることの尊さを思う日々が続く。そうした中で、灼熱の炎天下で「戦争させない」「憲法壊すな」のプラカードを持って立つ、国会前の高齢者のデモの報道映像が茶の間に流れる。天皇陛下の終戦の日の言葉と、参院で安倍晋三が答弁する「抑止力増大による平和と安全」は、そのギャップとコントラストが人々の意識に強い摩擦を惹き起こし、マスコミ論者が逃さずコメントを突き入れて共感を呼ぶところとなるだろう。7月は憲法問題が議論の中心だったが、8月は戦争法案をめぐる関心が話題の中心になるのではないか。「安全保障」と簡単に呼ぶ国家の法制や政策が、実は「戦争」そのものに繋がるもので、国民を戦争に駆り立てる恐ろしい正体のものだということが、国民に広く認識される展開になって欲しい。そのことで、今は法案賛成派に回っているところの、特に創価学会の人たちが、原点を思い返して法案に反対の動きに立ち上がるよう変わって欲しいと願う。創価学会の中で法案に反対する一部が、意を決して灼熱の国会前に立ち、デモを続ける高齢者市民と合流する絵が作られることを期待する。この法案が通れば、自衛隊は戦争に向けて行動を起こすことになる。その予算が付く。それは先制攻撃であり、自衛隊から攻撃を受けた国にとっては侵略戦争だ。

昨年、ノーベル物理学賞を受賞した赤崎勇が、安保法案に反対する言葉を東京新聞（中日新聞）に載せている。とても感動的な内容で、インタビューの全文をそのまま読みたいし、できればテレビ局は映像を撮って放送して欲しい。この先生は言葉がいい。信頼感溢れる日本の科学者だ。赤崎勇は当時16歳で旧制中学の学生。学徒動員のため鹿児島の工場で旋盤工をしていて、空襲を受け、上空から敵機の機銃掃射を受けた。「いかなる理由でも戦争はいけない」と言っている。この世代の人たちの反戦の思いは本当に強く、その信念で人生を作り上げていて、いつもそのことに私は感動させられる。政治家たちも同じで、保革の別を問わず、与野党の別なく、この世代の政治家に共通していたのは反戦平和の思想だった。彼らが政治家になった動機は、二度と日本を戦争の惨禍に導かないとか、平和で豊かな日本を作るとか、そういう焼け野原の少年の誓いと志から出発している。そうした精神性が、それより若い世代、具体的には今の政治の中枢にいる60歳前後の世代には決定的に欠落していて、その彼我に唖然とさせられる。50代や60代の政治家と国民には、反戦平和の思想が弱く、若くなればなるほど弱くなり、その決意が精神のカーネルを構成する一部になっていない。

60歳前後の政治家たちも、40年前、50年前の学校で正しく平和教育を受けたに違いないが、時の流れとともにすっかり忘却するものでしかなかったのだ。

ときどき、Twitterで呟いていると、若い20代や30代の者から、おまえらの世代は何をしていたんだという厳しいお叱りの言葉が入るのを目にする。何をしていたんだ。その問いに正面から答える必要があるだろう。岡田克也（53年生）や野田佳彦（57年生）や前原誠司（62年生）や長島昭久（62年生）は、集団的自衛権行使に賛成の立場の者たちである。今は圧倒的な国民世論に押される形で、表向きは安保法案に反対の素振りを見せ、国民の要求に応える姿勢を見せている。

しかし、7月19日の朝のＴＢＳの番組で寺島実郎が喝破したとおり、民主党の議員たちは本音ではこの法案と同じ安保政策を奉じていて、自民公明と水脈は通じ合っているのである。昨年（２０１４年）の閣議決定以来、岡田克也がずっと言い続けてきたことは、安倍内閣の集団的自衛権行使には反対だということだった。「安倍内閣の」という限定付きの反対であり、民主党が政権を取ったなら同じことをするぞという含意が露骨に示唆されている。彼らが政権を取り戻したとき、昨年の閣議決定を撤回するのかどうか判然としないし、辺野古問題の経緯を見れば、民主党が選挙で公約する「マニフェスト」の文言は信用できない。辺野古も、日米地位協定も、消費税も、農家戸別補償も、民主党の公約はことごとくウソで、票を釣るためのルアー（疑似餌）だった。小選挙区二大政党制の選挙制度とは、二つの政党がウソで国民を騙して政権を奪い合うシステムである。

岡田克也や野田佳彦や前原誠司や長島昭久。問題はこの連中のエートスは何で、何をするために政治家を志し、どういう政治目的を実現しようとしたかということだ。この世代には、実は共通する政治哲学がある。かつての、宮沢喜一や野中広務や村山富市や土井たか子が共通に持っていた戦争体験と、そこからの政治哲学とは別の、全くそれとは別の動機と信条を持っている。それは、一言で言えば反共思想であり、日本を社会主義から守る、革新政権の誕生から防ぐ、日本を親米自由主義陣営にとどめ置き、憲法を「改正」するという意思だ。戦後民主主義によって形作られてきた日本を揚棄し、新保守の理念で日本を再構築するという野心である。社会主義の影響がこれ以上日本を覆うと日本はおかしくなる、それを阻止しなくてはいけない、戦後民主主義や社会主義の勢力に日本を自由にさせてはいけないという使命感だ。つまり、宮沢喜一や野中広務や村山富市や土井たか子たちとの断絶である。保守二大政党による政権交代システムと「憲法改正」の実現、英国や米国と同じモデル、これこそが若い彼らが抱いた政治の抱負と構想であり、徹底して英米化した日本国家こそが日本人が幸福に生きる未来の理想郷だった。社会主義に毒されると病んで腐って悪くなるという、ペスト菌への拒絶感と同じアレルギー反応的意識（反共思想）が基底にあるのであり、そこから職業としての政治家への立志が育まれている。

こうした政治的人間像の描写は、若い人たちからすれば、やや不思議な感覚で捉えられるだろう。

どうして、平和と民主主義の思想、日本国憲法の理念を正統に受け継ぐ者たちが政治家として育たなかったのだろうと、普通に政治哲学が継承されて正しく人材が育成されなかったのだろうと。それについて、彼らと同世代の人間として本質的な理由を証言しなくてはいけない。その事情を最も分かりやすく説明する言葉は、高校1年の漢文で最初に習う故事成語の「鼓腹撃壌」だ。中国古代、夏王朝以前の神話の時代（三皇五帝）に登場する聖人の堯が、治世が定まっているかを確認するべく市井の視察に及んだとき、一人の老人があらわれ、腹を鼓がわりに叩き、足で地面を蹴って拍子を取りつつ、こう言った。「日が昇ったら仕事をし、日が沈んだら休む。井戸を掘っては水を飲み、畑を耕しては食事をする。帝の力なぞ、どうして私たちに関係があろうか、否、ない」と。故事は『十八史略』からの出典。この故事成語は、政治の教養（イデオロギー）としていろいろ解釈ができるし、深い意味の考察が可能だが、ひとまず、庶民が政治の意向や権力の動静を気にかけず、平和に生産し満足に生活しているノンポリティカルな社会像を示していて、統治の理想が表現されたものだという説明を教わった記憶がある。庶民が政府の政策に関心や懸念を持たない治政こそが最善で、統治者はその理想をめざすべきなのだと。

ふり返って、われわれの学生時代から青年時代、1970年代後半から1980年代の日本は、今と較べて「鼓腹撃壌」の性格が濃厚なハッピーな社会だった。政治について、個々は今よりも正確な知識を持っていたが、政治についてより深い関心を持とうとはせず、積極的なコミットをしようとする者は少なかった。今のような格差社会ではなく、就職すれば当然のごとく正社員の終身雇用と年功賃金が保障されていて、すなわち、個々は自分の適性と希望に合った人生を自由に選べばよく、踏み外してもリバウンドさせてくれるトランポリン型のハイパー・セーフティネットが張られ、大学に行くことも、大学を出て社会に出ることも、個人の趣味や志望を中心として自在に針路を考えることができたのである。まさに「鼓腹撃壌」。

そんな社会環境にあって、敢えて政治の世界に職業者として飛び込もうなどという変人はいなかった。政治家になりたいとか、政治家になって日本を変えたいとか、四六時中政治の情報を追いかけているとか、そんな突拍子もないことを考えたり言ったりする変わり者はクラスに皆無だった。今は、若者もスマホで政治情報を追いかけざるを得ず、若者の中のマジョリティかもしれない右翼化した者はネトウヨたる人生を爆走している。きわめて軽薄で奇形化した様相ながら、政治が強烈に若者の日常と癒着して彼らを包摂している。マンガ右翼の本がマストだったり、２chを当たり前のように読み、人を傷つける汚い２ch言語を使い回したりと。若者たちはデフォルトで右翼の政治イデオロギーと関わりを持ち、生活の中で関わらざるを得ず、右翼的な視角からの政治的関心を持って生きざるを得ない。

われわれの時代は、豊かで平穏で、個々が自己の望む世界の構築や挑戦が可能で、可能と信じることができて、イデオロギッシュな政治と付き合う必要がなかったのだ。イデオロギッシュな政治とは距離を置くことができ、それを隔絶した疎遠なものと考えることができた。一人一人が市民社会の中で自由な個体性を持ち得ることができた。なぜなら、そこにはマルクスの言う物質的基礎があり、すなわち終身雇用と年功賃金があり、何年か働けば若者はボーナスを頭金にして車を買うことができ、真面目に働いて財形貯蓄と30年ローンでマイホームを購入することができ、結婚相手を職場で見つけて2DKの新築アパートで新婚家庭を持つことができ、自由で幸福な自分らしい人生を設計追求することができたからだ。政治なんて、そんな物騒で無粋なものに手を出す必要はなかった。政治運動なんて、そんな危険な恐い集団系に関わる人生など真っ平だし、死ぬまでそんな不本意なことに手を出す必要はないだろうと思っていた。今、Twitterでああだこうだと、意を決して灼熱の国会前に立ててなどと、客観的に見れば政治のアジテーションとしか言いようのない文字列を吐き散らしている自分を見て、目眩がするほどの自己嫌悪に襲われてしまう。警察に囲まれた炎天下でプラカードを掲げてなどと、最もご遠慮願いたい面倒な、自分らしくない遠く遥かな別世界だった。昔の若者は、もっとエレガントな生き方を持てたし、理想の人生を思い描く物質的土台（経済）を保障されていた。

つまり、答え（仮説）を言うなら、われわれの世代は青年期に多くがノンポリだったのだ。20年後、30年後に日本がこうなるとは思わず、また、20年後、30年後に誰が国会議員になっているかを想像もしていなかった。宮沢喜一や野中広務や土井たか子のような政治家を若くした者たちが、世代を継いで安心でリベラルな政治を続けてくれるだろうと、そう素朴に信じていたのだ。日本の経済と日本の政治を疑わず信じていた。まさか、前原誠司や長島昭久みたいな右翼が永田町の主役になるとは、そんな不吉な将来が訪れるとは一度も思うことはなかった。英米型の保守二大政党になるなど、考えたこともなかった。

（15年7月20日）

3　両刃の剣の60日ルール
――「鼓腹撃壌と政治の世代」の仮説と断想の続き

7月16日に安保法案が衆院本会議で可決された直後、マスコミは異口同音に「これによって、法案は今国会で成立する公算が大きくなりました」としれっと報道した。安倍晋三の私設放送局と化しているNHKがこの決めつけの見通しを撒くのは理解できるが、テレ朝やTBSまでが口を揃えて「成立の公算大」を抵抗なく言うのは頷けず、どうして政府側に立った既成事実化の世論工作に与するのかと不審に思われて仕方がなかった。普通の政治ジャーナリズムの感覚からすれば、冷静に考えて、9月の国会で法案が成立する可能性は五分五分の観測となるだろう。衆院での強行採決の後、安倍晋三の支持率は急速に低下し、毎日の調査では35%にまで落ちた。参院の審議が進む中で支持率が回復に転じるとは予想しにくく、逆にさらに落ち込むのは理の当然だろう。安倍晋三の退陣を要求する市民のデモは勢いと広がりを増してゆく。テレ朝やTBSや外国人記者クラブによる安倍晋三批判も攻勢が強まる。支持率が30％を切り、25％近くに達したとき、与党内が今のように盤石で安泰かどうかは怪しい。通常、支持率が25％にまで落ちたら、政権はレイムダック状態となってダッチロールを始める。9月の政局の動向を価値判断自由に予測したとき、現時点で「法案成立の公算大」と政治記者が原稿を書くのは、あまりに安直な、また過度に政府寄りに偏向した判断と言わざるを得ない。60日ルールの衆院3分2再議決は、実は安倍晋三にとって両刃の剣に違いないのだ。

7月18日の Twitter で、衆院での3分の2の再議決は安倍晋三にとってかなり高いハードルだと書き、その根拠として、7名が造反したら3分の2に数が届かなくなるからと述べた。自公の議席数が325名で、衆院定数475の3分の2が317名で、差し引きが9名となり、村上誠一郎と若狭勝が造反しているので、残りが7名だと単純にそう計算したのだ。が、よく考えるとこれは早合点で、賛成票は次世代と無所属からも積み上がっている。厳密に検証したところ、残り7名ではなく14名の造反が必要という結論になった。この計算の中身を説明しよう。7月16日の本会議採決の投票結果を見ると、賛成が327名、棄権と反対の合計が145名となっている。責任閣僚の中谷元と副議長の大島理森が採決に加わっていないので、現時点の賛成票は329名と考えなくてはいけない。町村信孝の死去のため欠員1で、出席議員の総数は474名となり、60日ルールが定める出席議員の3分2は316名と設定される。316名を1名でも割って315名になれば、再議決にかけた法案は否決になる。つまり、目標は、現在３２９名の（自公次無の）賛成票を３１５名にすること、残り14名の造反者を出すことという勘定になる。７名ではなかった。14名という造反者を出すことは、法案を再議決の勝負で否決しようと目論む側からすれば、現時点では相当に高い壁であり、容易ならざる政治のチャレンジであることは否めない。

そのことは、自民党の衆院議員のリストを見ることで窺える。当選回数の多いベテラン議員が少ない。当選2回の議員がやたら目につく。つまり、２０１２年の衆院選で初当選した安倍チルドレンたちの集合だ。２００９年の衆院選で民主党が大勝したため、自民党の議員が世代交代していて、あの百田尚樹の勉強会に出席していたような、猛毒の極右陣笠族の集合で溢れてしまっている。名簿を詳細に観察して個々の顔を知れば知るほど、村上誠一郎の嘆きがよく伝わってくるというもので、残り14名の造反者の候補を探し出すことが口で言うほど簡単でないことが分かる。この鉄板の現状で法案への異論を切り出せるのは、よほど選挙区での個人人気に自信のある者だ。そして、狼煙を上げるのは執行部と遠い浪人の者でなくてはならない。野田聖子、小泉進次郎、後藤田正純、と名前は浮かぶが、口火を切る時機の見極めが難しい。支持率が30％をキープしている状態だと、造反に踏み切って仲間を糾合する動きに出るのは勇気が要るだろう。注目されるのは野田聖子で、野田聖子のバックには二階俊博と石破茂がついていて、面従腹背する非主流派の地下水脈を形成している。1か月半の参院審議の中で、石破茂と二階俊博に近い者がどう動くか、そこが関心の一つになるだろう。また、戦争を見つめる戦後70年の夏が続く中で、公明党・創価学会に動揺が起きるかどうか、それも焦点の一つとなるだろう。

7月19日に大阪で行われたSEALDs KANSAI主催のデモには、SGIの三色旗をプラカードにした創価学会の信者が行進の列に加わって話題を呼んだ。プラカードには二代会長である戸田城聖のアイコンが描かれていて、学会の原点に返れという強いメッセージが訴えられている。強行採決後の三連休、テレ東の田勢康弘の旋回(=SEALDs礼賛)も世間に大きな印象を刻んだが、何といっても、法案反対派の国民を勇気づけたのは、御堂筋を歩いて公明党を糾弾する創価学会員の姿だった。創価学会の中で勇敢な造反組が次々と立ち、支部で勢いを得て各地のデモに合流し、その波が本部を動かす奇跡が起きることを切望する。本来、この法案の反対運動の先頭に立たなくてはいけないのは誰なのか。大谷派の人々が過去の過ちを反省する真摯な決意から、あのように法案反対の運動に尽力しているのに、平和を看板にする創価学会が、右翼の戦争法案に加担し幇助するとは、どういう倒錯と外道の悪行なのか。2年前の秘密保護法のときも、学会内部で、特に婦人部の中で、猛烈に反対する動きがあったことが報道されていたが、造反のデモが具体的に出現したのは初めてで、この事実は心強い。公明党は参院で20議席を持っている。この20名がもし棄権・欠席に回るという事態になれば、法案は参院で否決される。創価学会の人々には、人間革命の理念と平和主義の原点に立ち戻っていただきたい。

さて、東京新聞が提供している7月16日の本会議採決リストを精査しながら、前回の「鼓腹撃壌」の問題意識と関連して、思い当たる発見が一点あったので報告しておきたい。無所属議員の中で誰が賛成票を投じ、誰が棄権に回ったのか、それを調べているうち、鹿児島3区選出の野間健という保守系の議員が棄権していたことが判明した。浅尾慶一郎や上西小百合と共に退席している。ほうと思い、全然知らない議員なのでプロフィールを調べると、2012年の選挙では国民新党から立候補していた男だった。国民新党を離党して無所属になっている。そして、昨年の選挙では自民党の新人候補と争って議席を守っている。元国民新党なら棄権は当然かと思うところだが、この男の履歴がふるっていて、1991年に松下政経塾に12期生で入塾、日本友愛協会事務局長、『月刊日本』編集委員などを務め、2005年に民主党公認で選挙に出たとある。バリバリの反共右翼だ。絵に描いたような典型的な民主党右派。前原誠司や長島昭久のお仲間だ。Wiki 情報では、「集団的自衛権の行使を禁じた内閣法制局の憲法解釈の見直しに賛成」で、「日本の核武装について『今後の国際情勢によっては検討すべき』としてい」て、「新基準を満たした原子力発電所の再稼働に賛成」とある。1958年生まれの56歳。この男のプロフィールを見て、誰もがある有名な政治家の顔を思い浮かべるだろう。松原仁。きわめて近似したイメージがある。

松原仁も1958年生まれの56歳。早稲田で雄弁会に所属、大学卒業後に松下政経塾2期生で入塾し、卒塾後の1985年に都議選に出馬、1989年に都議になり、1996年に新進党から国政に挑戦している。野間健は慶応の弁論部に入っていた。おそらく野間健は、野田佳彦や松原仁の動きを見ていて、オレも続けとばかり1991年に松下政経塾の門を敲いたのだ。もともと35年前の大学時代から生粋の右翼類型なのである。野田佳彦は松下政経塾の1期生。松下政経塾は、革新自治体が次々と生まれた1970年代に、幸之助が危機感を感じて準備に動いたもので、革新勢力による政権奪取を阻止し、日本を保守二大政党の体制にする目的と使命を担い、そこで活躍する若手政治家を育成するために創設した政治教育機関だった。とにかく、東京も大阪も名古屋も横浜も京都も神戸も、社共の革新首長が制覇している時代で、都市の若者層は革新陣営を支持していて当然の世の中だった。大橋巨泉や前田武彦、永六輔や黒柳徹子がテレビの第一線で活躍し、新劇俳優を含めて群れなす赤旗文化人が市民権を持っていた時代だった。労音と労演が日常にあった。鼓腹撃壌の時代。われわれは、のほほんと天下太平の中で個々の人生を謳歌しに社会に出たが、野田佳彦や松原仁や野間健はそうではなかったのだ。そのような日本に強い嫌悪感と拒絶感を覚え、社会主義の勢力を撃退し殲滅すべく、そしてリベラル一色となった日本の政治を転覆すべく、若い野望をギラギラさせて政治を志していたのである。新保守の日本に改造すべく。

鼓腹撃壌。今から考えると、青年だったわれわれは油断していたと深刻に後悔せざるを得ない。政経塾の話は新聞で知っていたが、同じ年頃の当時の右翼青年たちが、幸之助の資金でここまでのし上がるなどと想像もしていなかった。野田佳彦の大学時代のプロフィール情報は、今の（極端に右傾化した）常識感覚で読むと、普通の保守の政治志望の青年の姿である。だが、当時、大学生だった者の記憶と実感からすれば、その男はまさに右翼学生と名指しされて接近を憚られる異形の存在だったと証言できる。普通の学生ではない。なるほどと、世の中の価値観（イデオロギー）の変容と循環に嘆息せざるを得ない。つまり、政治家になるためには、私のように「鼓腹撃壌」にどっぷり漬かって平穏な暮らしを望むタイプの人間では駄目なのだ。青年のときから目を血走らせた冷酷な野獣の革命家でなくてはならない。青年期から眼前の時代を憎悪し、断絶し、転覆してやろうと凶悪な意思を持った男でなくてはならない。野田佳彦や前原誠司はそうだったのだ。彼らはイデオロギッシュな革命家だった。戦後民主主義が築き上げてきた日本を、憲法９条と25条の理念が制度になって実現したマイルドな日本を否定し、それを粉砕することを誓った反共右翼の革命青年だった。二大政党制を導入し、社共を一掃し、日本を英米モデルに改造する新保守・新自由の革命。青年期に異端分子だった彼らは、その神聖な使命に人生を賭け、そして見事に目標を達成した。若い頃、彼らは反体制だった。私は体制派だった。ノンポリ青年とは体制派の青年のことである。

70年代、日本の体制は９条と25条が生きたリベラルの世界だった。私は社会に何の不満もない体制派のノンポリ青年で、日本の政治と経済を信頼しきっていた。自由に楽しく生きられると確信し、自分が政治に関わる必要を感じていなかった。彼らは社会を忌み恨み呪う不満分子で、社会の破壊を目論む過激な反体制派だった。反体制派の青年でないと政治家にはなれない。なるほどそうかと、

歯噛みしつつ、憤りに震えつつ政治の真理に納得する。（15年7月22日）

4　8月30日のデモの人数
――主催者12万人、警察3万人、SEALDs 35万人

8月30日のデモの参加人数で論議が起きている。主催者である「総がかり行動」の高田健が、当日の午後4時前の本部報告で12万人と発表、それから3時間後にNHKが3万人余りという警察情報を出した。ずっとネットの中継動画を見ていた私の感覚では、どちらの発表もリーズナブルで、この集会の人数発表としては頷けるものだった。すなわち、中間の6～7万人という規模が推測される実数として妥当な線だろう。感じたのは、高田健の報告のときの口調と表情が、やや残念そうな影と重さを漂わせていたことだ。主催者発表12万人という数は、高田健にとっては想定していたところより少ない、不本意な結果だったに違いない。

また、直感したのは、この12万人という数も、内部で把握した実数に対していつもより掛け率を高めに設定した主催者発表ではないかということだった。それを聞いた瞬間、警察情報はかなり少なめに出るなと予想を持った。通常、「総がかり行動」のような左翼系の正規の団体が開催する集会では、主催者発表と警察情報とが2対1とか3対1というバランスになる。その範囲で収まる。主

催者は常に実数より割り増しした数を言って成果を強調するし、警察は常に実数より少なめに言ってデモを貶価する。真実の数はその中間にある。2012年7月16日の「さようなら原発10万人集会」は、主催者発表17万人の警察情報7万5000人で、2・2対1という比率だった。

伝統的な左翼系の集会だと、人数のカウントがきちんとしていて、このように納得・信用できる数字が発表される。水増しが多いと世間の信頼がなくなり、集会と団体の正統性に傷がつくから、数は正確に数えないといけないし、踏み越えてはいけない不文律の一線があるのである。高田健としては、主催者発表と警察情報との間の乖離が、2・5倍以内に収まるようにしたかっただろう。警察情報は3・3万人である。3・3万人に2・5を掛けると8万人になる。3を掛けると10万人になる。集会の名目は10万人集会だ。ということは、10万人を主催者発表とすることは、集会が失敗だったという意味を言外に露呈することになる。それはできない。主催者発表は10万人を超えないといけない。できれば、3年前の脱原発集会のように15万人以上が望ましい。12万人と発表する高田健に無念さが滲んでいて、それを見て、警察情報は低めに来るなと推断した。結局、主催者発表と警察情報とは4対1という大きな開きになってしまった。集会の正統性という点でも、目標の達成度の点でも、二重の意味で高田健は苦渋の数字発表だっただろうと想像する。

ところが、この高田健の12万人を不服とする準主催者の勢力がいて、夜になって35万人だったという数をネットで触れ回り始めた。自分たちを真の主催者とし、12万人はマスコミ発表の数字だと（スリカエを）言い、35万人が主催者発表の数字だとこじつけ始めた。

ＳＥＡＬＤｓが公式に「35万人」であると Twitter で発表し、しばき隊が「35万人」の宣伝と拡散を始めて騒然となり、現在デモについての議論は人数が焦点になっている。ＳＥＡＬＤｓ運動の実務を仕切っているのはしばき隊（反原連系）の面々で、「あざらし隊」などと称してＳＥＡＬＤｓのデモ活動をずっと指導支援している。もともと、ＳＡＳＰＬから始まったＳＥＡＬＤｓは反原連系のデリバティブで、いわば反原連系の学生版の運動体として出発したと言っていい。だから、しばき隊が堂々と今回の集会の「主催者」面をし、高田健が発表した12万人の公式の実績値を認めず、35万人こそが正しいなどと言い上げる図ができるのである。ＳＥＡＬＤｓによる35万人説の恣意的な流布に対して、これまでのところ、主催者の「総がかり」や関係団体が特に制止や否定をした形跡はない。そのため、この35万人説を攻撃する右翼は、「ＳＥＡＬＤｓ発表35万人、主催者発表12万人、警察発表３万人」という口上でデモの欺瞞性を叩くキャンペーンを張っている。今回の集会の主催者は左翼系の諸団体が結集した「総がかり行動」であり、新聞広告も事務局も「総がかり」が担当しているのだが、ＳＥＡＬＤｓが主催者を名乗れないかというと決してそうではない。表向き、一般に向けては恰もＳＥＡＬＤｓが中心のデモのように演出していて、ネットでもその宣伝で動員を呼びかけ、デモ後のマスコミ報道もＳＥＡＬＤｓを主役にしていた。「総がかり」は露出を控え、ＳＥＡＬＤｓを前面に押し出した取り組みにしていた。

デモの成功のため、イメージアップのため、動員の最大化のため、戦略のオプティマイズとして、「ＳＥＡＬＤｓ主催」という表象を生成させ、それを関係者が操作していたのである。一般の市民は、今回のデモはＳＥＡＬＤｓ主催と思っている者が多い。だから、ＳＥＡＬＤｓが主催者を標榜することは決して僭称や逸脱とは言えないだろう。しかし、問題はそこにこそ孕まれるのであり、主催者の一つであるＳＥＡＬＤｓ（しばき隊）が、このデモの人数を35万人などと公式発表して宣伝してよいかということだ。

ここで誰もが思いを廻らすのは、戦後民主主義の金字塔である60年安保の30万人デモの歴史であり、今回のデモが35万人などという謬説が出回って若い世代の間で既成事実化されると、60年安保闘争の意義が不当に相対化され、その歴史が矮小化されてしまうという懸念に他ならない。60年安保のとき、6月18日のデモの参加者は主催者発表で33万人、警察発表で13万人という巨大な数字が残っている。この日がピークだけれども、この日だけでなく、女子学生が警察に殺された6月15日から安保が自然成立となった6月19日の前後は、毎日のように数十万のデモ隊が国会を取り巻き、国内の政治情勢は革命前夜の様相を呈していた。今回のスピーチの中で法政大の（おそらく元マスコミ関係の）名誉教授が回顧していたように、ラジオ（当時はテレビは一般家庭に普及していない）は朝から晩まで安保の報道で埋まり、国会前からの生中継が流されていたのである。今回の12万人のデモとは全く光景と空気が違う。
自衛隊出動による武力鎮圧を要請した岸信介は、その命令を治安官僚（防衛庁事務次官と警察庁長官）に蹴られ、いわば暴力装置の側に逆に羽交い締めにされる格好で権力の座から転落する。首都の治安責任者の警視総監が官邸を訪ね、身の安全を保障できないから官邸から退去してくれと岸信介に申し出た。これで一巻の終わりで、岸信介は退陣表明に至る。つまり、エジプト革命のように圧倒的な数の民衆のデモが政権を打倒した。

もし、今回のデモが35万人の規模であったなら、決壊は国会正門前の道路に止まらず、60年安保時のように付近の道路全体が占拠されて解放区になり、南西の官邸まで群衆が押し寄せ、北西の自民党本部も取り巻かれていただろう。昂奮の余波は翌日も続き、平日となった週明けの昨日（8／31）も10万人を超す市民が国会前に詰めかけたはずだ。菅義偉の指示で警視庁に取締対策本部が作られ、官邸が右往左往する幕となり、機動隊のカマボコ車両が大量動員されて周辺道路全域を制圧、法案反対の国会議員が全員国会正門前に集合して市民の歓呼を受ける騒然とした状況になっただろう。30万人（主催者発表）というのはその規模の大きさのデモである。政治のスケールが物理的に全然違う。60年安保のときは新橋まで道路が人で埋まっていた。日比谷公園までではない。新橋駅までである。60年安保のときの警察発表は13万人。今回は3万人。4倍以上の開きがある。

しばき隊は、彼らが反原連だった3年前の官邸前デモのとき、常套手段として異常な人数の水増し工作をやり、世間の顰蹙を買っていた。このことは、当時の『サンデーモーニング』の放送中に関口宏によって取り上げられ、どうして警察情報とこんなに開きが出るんだという苦言に繋がる。飛ぶ鳥を落とす勢いだった反原連のデモが落ち目に向かう一因となったのは否めない。このとき、主催者の反原連は官邸前デモに「20万人」という数を発表した。警察情報は2万人で、何と10倍の開きがあった。10倍の開きというのは、デモにおける主催者と警察の数の差異を心得ている一般市民も、関口宏と同じく首を捻る異常に違いない。普通の左翼系団体はこんな非常識なことはせず、過去にやっていたのは異端の新左翼セクトだけだったから、良識派の関口宏の懐疑と批判の一幕となった。無論、当時のデモに参加していた者の中で、反原連の「20万人」をまともに信用した者はいない。3年経ち、しばき隊グループの有力メンバーでSEALDsを指導している木下ちがやは、世間はもうこの一件を忘れたか、若い学生は知らないものと踏んだのか、3年前の「20万人」の大法螺の反復の仕込みに余念がなかった。「ウソも百回言えば真実になる」というゲッベルスの教えの実践だろうか。警察が、政治的バイアスでデモの人数を過小に報道させるのは常識だが、だからといって、警察の調べに何の根拠もないわけではないし、市民は相応の信頼を「警察発表」に寄せている。

しばき隊は、ここへ来て、警察情報のデモ人数は全く根拠のない出鱈目で、まともに数をカウントしていないとデマを言い始めた。首都の治安を預かる警視庁公安部が、特に国会や官邸や霞ヶ関という国家の要所の警備で、デモの人数を正確に把握していないなどということがあるわけがない。毎回毎回、必ず詳細な報告が事務の副長官である杉田和博のところに上がっているし、必要に応じて杉田和博から菅義偉に上がっている。今回の調査と報告は、杉田和博から菅義偉と西村康彦と山谷えり子と安倍晋三にシェアされただろう。杉田和博は警備局（公安警察）のキャリアであり、したがって今回のデモのような事案を担当してきたプロの大御所だ。正確な人数を押さえてないなどあり得ない。今回の3万人という数字は、故意に過小評価した、政府側の政治的思惑をかぶせた数字ではあるけれど、同時に、数字には警察の威信がかかっているから実態と全くかけ離れたウソを垂れ流すことはない。だから、反原連のような水増しはすぐにバレるのである。

現在、ＳＥＡＬＤｓは法案反対運動の中で絶対的なシンボルになっていて、右翼以外から批判されることはないのだが、ここで注意して見なくてはいけないのは、彼らの金曜国会前デモの発表人数である。6月19日2５００人、6月24日3万人、7月8日1万人、7月15日10万人、7月24日7万人、7月31日2万5０００人、などと発表されている。最も多いのは、衆院で法案が強行採決された7月15日だが、10万人などという数を平然と流していた。

私は7月15日のデモに参加して始終を目撃した証人だ。午後6時半からが第一部の「総がかり」の部で、午後7時半前の中締め（中間報告）のとき、参加者は1万人という報告があった。さすがに「総がかり」だから手堅く数字を出しているなと、私は歩道と植え込みの間の縁石に座って思ったものだ。

第二部のＳＥＡＬＤｓの部が始まり、勤め帰りの女性たちが詰めかけて華やかな雰囲気になったが、私の感覚では人数は２万人で、とてもそれ以上の規模ではない。警察情報では７〜８千人。ＳＥＡＬＤｓの「10万人」は荒唐無稽な数字で、誰もそんなものは信用しない。

（15年９月１日）

5　8月30日のデモの決壊と小熊英二としばき隊
――フローのＳＥＡＬＤｓの誤算

８月30日のデモについて議論が続いている。当日、私はネットの中継動画を午後１時すぎからずっと見ていた。カメラの位置は、国会正門前の交差点北東角の本部前で、報道各社はこのアングルでゲストスピーカーを撮り、ときおりカメラを動かして周辺の様子を捉える。最初に感じたのは、予想したほど警備が厳重でなく、ものものしい態勢でなかったことだったが、さほど気にとめずに動画の実況を見入っていた

異変が起きたのは午後１持37分頃で、どうやら北側の歩道が決壊したらしく、人が一斉に車道に出て前方（画面右手の国会正面方向）に歩いてきた。本部カメラの位置だと画面左手になる桜田門方向の奥まで見通せないので、詳しい状況は不明だったが、意外に早い決壊ハプニングは、警備が手薄だったことと関係あるのかなと想像をめぐらせてもみた。集会開始は午後２時である。警察の様

子を見ていて、特に厳しく規制して群衆を歩道に押し戻そうとする対処がなく、自然に決壊を許容していた感触があり、これは事前に高田健と警察の間で取り決めをしていたのかなと思ったのだ。午後2時前、高田健がマイクで注意を出し、正門前交差点の規制線を突破することのないよう、各自が現状位置で停止するよう案内があった。群衆もそれに従って動きが止まった。そのため、あっ、これは最初からシナリオができていて、正門前の道路9車線を会場スペースにすることが、予め警察と主催者との間で打ち合わされていたのだなと、そう直感した。

大規模な集会なので、無理やり大量の人を窮屈な歩道に押し込めると、規制する警察との間でフリクションが起きトラブルが発生する。怪我人が出かねない。それを案じた主催者と警察が、最初から道路開放を予定していたのに違いないと、そう事態の裏を推測した。だが、実際はそうではなかった。「総がかり行動」の方は、この動きは予想外のものだったのである。高田健のマイクのトーンは、決壊を意外と感じて狼狽するものではなく、むしろ肯定的なニュアンスで捉えつつ、ただし正門交差点の一線は越えるなよ、警察と揉めて暴力沙汰を起こすなよと禁止警告する指示だった。高田健個人の意識では決壊は歓迎なのだ。

だが、「総がかり」の当初の計画では決壊は想定しておらず、だから、主催者側ボランティアが警察と一緒になって桜田門で国会正門前への人の侵入を規制し、それ以外の場所への移動を誘導したりしていたのである。安全のために。あの歩道だけを過密に埋めると危険だから。「総がかり」の方の集会運営の計画では、大人数を安全適正に分散するべく、主催者に近い団体系のデディケイテッドな部分は、日比谷公園や霞ヶ関や憲政記念館の周辺エリアに配置するプランだったのだ。国会正門前の歩道は、全国からこの日のデモをめざして集まる、熱烈なSEALDsファンの左翼リベラル系個人一般のために使わせるべく、事前に配慮されてデモ全体が設計されていた。個人でイベントに参加する者は、なるべく会場の中心（本部前）に接近したい。

その後のTwitterの情報では、決壊は、しばき隊が意図的に起こしたことが得意げに報告されていた。しばき隊メンバーと仲間が、設置した鉄柵を繋ぐ紐に巻いていたガムテープを剥がし、鉄柵を動かしやすく悪戯したのだと内幕を明かしている。以下は、陰謀論の誹りを受けるかもしれないが、ひょっとしたら、公安警察としばき隊が事前に密かに腹合わせし、警備の薄い一点を手心して見逃していたのかもしれない。「総がかり」が警察と調整したのではなく、しばき隊が警察にネゴして黙認を得ていた政治なのではあるまいか。

反原連と公安とが蜜月だという噂は、2012年の官邸前デモのときからTwitterで流れていた。当時、反原連は左翼系の諸方面と毎日のようにネットで悶着を起こし、激烈な抗争を繰り広げていた経緯があり、私はこれ（反原連と公安との関係）を都市伝説の類と等閑していた。だが、それから1年後の2013年12月の秘密保護法反対デモのとき、驚いたことに、しばき隊と公安警察（腕章を巻いた）が夜の国会前の歩道上で、人目も憚らず堂々と（今日のデモの）反省会のようなものをやっているのを目撃した。あれは採決前日の夜だったから、12月5日の午後10時頃だろうか。何と、そこに小熊英二がいたのだ。仰天させられた。と同時に、あのときに流れた噂はすべて本当だったのだと確信した。誰でも顔を知る権威の小熊英二がいて、小熊英二と公安幹部としばき隊幹部が立って会話する点を中心にして、十数人が輪を囲むように「反省会」が進行していた。

デモから一夜開けた8月31日(月)の『NEWS23』で、満を持してというべきか、小熊英二が遂にこの政局でテレビに登場した。私が見るところの、中野晃一と並ぶSEALDs運動の黒幕指導者。メッセージは、いつもの「デモ=民主主義」の持論の強調で、デモで政治を変えろという説教である。小熊英二は、「憲法守れ、法案反対、だけではあんなに人は集まらない」と言い、「民主主義って何だ」というSEALDsの民主主義の訴えに共感した市民が集まったのだと解説した。

私は、この発言には幾つもの点で違和感を感じる。憲法が主役であり、戦争反対こそが市民の要求であった出発点が過小評価され、小熊英二のイデオロギーである「ライフスタイルのデモ」の定着と礼賛に意味が変換、回収されてしまっている。小熊英二のイデオロギーがSEALDsというシンボルに集約され、今回のデモが「デモ=民主主義」の理念を掲げた「日常生活の延長のデモ」だったという認識への納得と同意が迫られている。そして、「35万人」も集めたというデマがSEALDsから流され、60年安保の30万人の歴史を超えたなどという自画自賛がネットに横溢している。おそらく、「60年安保を超えた」という「達成」を言いまくることが、小熊英二としばき隊の眼目であり、そこに彼らの欲望と戦略があるのだ。点と線が繋がった。しばき隊がなぜ「35万人」説を流し、60年安保の30万人を貶める行動をするのか不審だったが、小熊英二の出現とコメントで謎が解けた気分がする。

しばき隊が鉄柵を容易周到な作戦行動で取り除き、決壊を実現させたのは、60年安保の象徴である上空からの写真が念頭にあり、あのパノラマに匹敵する絵を作ることが目的だったのだ。それを新聞社のヘリに撮らせ、このデモの意義を誇大に宣伝することを狙った工作だった。法案を阻止するとか、安倍晋三を窮地に追い込むとか、そういう集会の政治目的が第一にあったのではなく、自分たちのイデオロギーである「デモ＝民主主義」のエバンジェリズムが狙いだったのであり、踏み込んで生臭い動機を疑えば、丸山真男が指導した60年安保の偉業を数の上で超えたい小熊英二の野心が背景にあったと推察される。

今回、「頭数になれ」と執拗に叫ぶデモの準主催者のこうした思惑が事前から見え隠れし、二の足を踏んだ者から見ると、しばき隊としばき隊スタディーズは、すでに8月の時点から法案廃止を諦めて後回しにし、8月30日のデモを標的にして次の段階への仕込みを画策していたように窺われる。次の段階とは、例えば、青土社の『現代思想』で「２０１５年安保」が大々的に特集されて言説が商売されるとか、その類の出版物が書店に並ぶという図である。その事業を効果的・説得的に成功させるためには、決壊して道路が群衆で埋まった写真がどうしても必要なのだ。8月中旬の時点で、内心では法案廃止の結果に持って行くのは困難と目測していた立場は私も同じなので、その点で運動の動機の倫理的不当を彼らに問うつもりはないが、しかし、これではあまりに運動の大義を逸脱した生臭すぎる私利私欲と派利派略ではないか。

デモを報道したマスコミの写真は、どれもＳＥＡＬＤｓにフォーカスしたもので、デモの報道はＳＥＡＬＤｓが12万人を集めたという説明になっている。実際には、デモの参加者が撮った映像を見ても分かるとおり、団塊世代の男性が圧倒的に多く、どこを見ても白髪頭が目立つ絵ばかりが証拠として上がっている。若者はきわめて少ない。マスコミの記者がＳＥＡＬＤｓの学生を被写体として追いかけ、それを記事の材料にし、ＳＥＡＬＤｓの成果と威光を賛美する伝え方にしている。

実は、この安保法案反対運動の報道は、６月の最初からそういう形で組み上がっていた。反対運動の中の一つの団体であるＳＥＡＬＤｓにマスコミが目をつけ、ピックアップし、アイドルのように絶賛評価して連日テレビで紹介し、国民的人気者にし、象徴として担いで運動を盛り上げるという展開になった。彼らは、２年前のＳＡＳＰＬのときは、例えば「新日本婦人の会」とか「平和ネットワーク」とか「９条の会」といった、幟を立てて集会の一角に参加する「左翼系市民団体」の一つだったにすぎない。そのＳＡＳＰＬが、ＳＥＡＬＤｓと名を変えて安保法案の政局に登場した途端、急にマスコミが飛びつき、嬉々として華々しく持ち上げ、「党派と関係ない無色透明の普通の学生グループ」の化粧が施され、台風の目になった。シンボルとして今夏の運動の中心で後光を発する存在になった。SEALDsは、法案に反対する左派マスコミの意思が投影され外化した集団であり現象である。3年前の反原発のときの反原連に似ているし、また、出生を辿れば明らかに反原連のデリバティブだ。

SEALDsは、終始、マスコミ・ドリブン、しばき隊ドリブン、しばき隊スタディーズ・ドリブンの、黒子が動かすサポーター・ドリブンの集団と運動だった。日本の政治におけるシンボルの典型的な形態である〈神輿〉あるいは〈飾り人形〉である。辛口評価の私見を率直に言えば、8月30日のデモは動員人数が想定よりかなり未達だった。私は小熊英二の見方とは全く逆で、定常的な左翼系（政党・組合等々）の団体はベースロードの人数積み上げに成功していたが、フローの部分、すなわち風で呼び込む（いわゆる自然発生的性格の）SEALDsの方が相当に見込み外れだったと分析する。ベースロードの方は9割方埋まったが、フローの方が想定の6割だった、というのが、12万人と数字を発表したときの高田健の無念そうな影の真実だったのではないかと推測する。というのは、SEALDs主催の金曜国会前のデモは、7月15日のピークの後、徐々に人数が減っていたからだ。

つまり、SEALDsのブームは7月上旬が瞬間風速の最高で、8月に入ってからはどんどん熱が冷めていたと考えられる。7月15日の夜のデモは、勤め帰りの30代から40代の女性が目につき、華やかな雰囲気を醸し出していたが、8月30日のデモには彼女たちの姿が少なく、団塊世代の白髪頭の男性がやたら多くなっている。8月30日のデモは、朝日新聞や東京新聞やTBSは若者デモのように演出して報道していたが、実際の光景は全く通常の左翼リベラルズのデモそのものだ。景色が変わって元に戻った。演出先行、マスコミ先行のＳＥＡＬＤｓのブームがすぐに衰え、減価償却が早く進み、飽きられ、こうなったのではないかと私は理由を探索する。

８月30日は主催者（総がかり）が見込んだよりフローの集客が少なく、ＳＥＡＬＤｓが呼び込むべき参加者が少なかった。小熊英二の考察は間違っている。逆なのだ。自然発生的契機はどんどん弱まっているのである。ＳＥＡＬＤｓは動員に失敗しているのである。

デモは政治行動である。デモに出るということは、一人一人の個人にとって常に切実で厄介な問題だ。重い選択をしないといけない。負担と責任がかかる。出ないで後悔するときもあるし、出て後悔するときもある。通常、後者の方が多い。簡単に誰かの口車に乗って「ライフスタイルのデモ」などできないし、安直に「デモ＝民主主義」のイデオロギーに共鳴して参加するなど到底できない。マスコミによる絶賛と権威によるエンドースとは裏腹に、ＳＥＡＬＤｓ運動は政治的に成功してないのではないか。

（15年９月３日）

６　どうして安保法を阻止できなかったのか
——戦略の検証と敗因の分析

安保法が国会を通過して成立した。予想していたとおり、９月14日の週の採決と可決成立となった。９月10日頃だったか、朝日が１面記事で９月16日委員会、９月17日本会議の日程予想を出していたので、おそらく野党に譲歩を示す形で、本会議のラストは９月18日だろうと予測を述べたが、そのとおりになった。

昨日（９／21）、朝日が９月19‐20日に実施した世論調査の結果が出ていて、それによると安倍晋三の支持率は35％で、前回（９／12‐13）と較べて１ポイントしか落ちていない。あの強行採決の蛮行を挟んで、そして国会前デモの中継と共に法案反対を唱えたマスコミ報道を挟んで、支持率は１ポイントしか落ちなかった。衝撃的なのは、安保関連法への「反対」が減り、「賛成」の世論が増えていることだ。強行採決を挟んで、「反対」が54％から51％に減り、「賛成」が29％から30％に増えた。毎日の世論調査でも安倍晋三の支持率は35％で、前回８月の32％と較べて３ポイントも上がっている。官邸は独自に世論調査をやっていて、世論の動向を把握していたから、あのように躊躇なく予定どおり強行採決を打ってきたのだろうが、それにしても、この結果を見ると、われわれは安倍晋三に掠り傷ひとつ負わせることができなかったと認めざるを得ない。泰山鳴動してネズミ一匹。屈辱的な敗北だ。マスコミが「反対デモの盛り上がり」をどれほど喧伝しても、数字は冷徹な現実を突きつけている。

国民は見てないようで政治を見ている。国民はマスコミに踊らされているようで必ずしもそうではない。冷静にマスコミと政治の奥を観察していて、直感と経験則で真相を感じ取っている。この世論調査の数字は、法案反対の野党に冷ややかな視線を浴びせ、反対運動を展開した左翼リベラルと反対の論陣を張った左系マスコミ（東京、朝日、毎日、テレ朝、ＴＢＳ）を突き放すものと言える。「Twitter」にも書いたが、横浜で公聴会があった9月16日と委員会採決があった9月17日は、『報ステ』と『ＮＥＷＳ23』は、放送法の中立原則をかなぐり捨てて、国会前デモに視聴者を動員する報道に公然とシフトしていた。国会前デモの人数が増えれば牛歩で抵抗ができるのだという、野党側の本音と要請を伝えるパイプ役（広報機関）となり、デモの爆発的拡大を誘引すべく勝負に出て前がかりで野党を応援していた。

だが、野党と左系マスコミが期待した人数は集まらず、保守マスコミは野党批判を始め、たじろいだ野党（民主党）が腰砕けになり、結局のところ牛歩は不発に終わる。野党の応援で国会前に詰めかけた市民の中には、野党が牛歩を撤回したのを見て、裏切られた気分になった者もいただろう。左系マスコミの懸命の宣伝作戦にかかわらず、笛吹けど踊らずで、与党を動揺させ挫折させるに足る十分なデモ人数を反対派は供給できなかった。デモの人数が足らなかった。テレビであれだけ強力に訴えても、思惑どおり人は動かなかった。

最終盤のデモが爆発的勢いを示さなかったことと、この世論調査の結果とは符牒が合う。人にとってデモに出るのは賭けだ。政治の結果が勝ちに転ぶ動機づけがないといけない。自分が動くことで勝負に影響し、目が出るのであれば、われもわれもと勝ち馬に乗る。選挙の投票と同じで、接戦になって野党に逆転の勝ち目が出れば、われもわれもと投票所に足を運ぶ。投票率が上がる。今回は、長い政治戦を通じて後半に安倍晋三に巻き返され、終盤は完全に勝敗の帰趨を固められ、反対派に勝ち目がない状況になったため、9月の最終攻防でデモに向かう（フローの）人の足が止まった。法案反対派は賛成派の倍近くいるのだが、安倍晋三の支持率が下がらず、逆に8月に上がったまま安定し、与党内の動揺が完全に止まり、9月の詰めの法案日程が盤石となった。

カギはどこまでも安倍晋三の支持率で、支持率を45％から35％に落とし、35％から25％に落とし、さらに落とすことで与党内に動揺を生じさせ、総裁選を実現させ、公明党を弱気に追い込まないといけなかった。6月から7月初めにかけての憲法学者の怒濤の攻勢のとき、すなわち政治戦の前半、安倍晋三の支持率は10ポイント激落し、勝敗の見通しはイーブンになっていたのである。誰もが、野党や反対派だけでなく与党の者も、これなら行けるかもしれないと希望を持ったはずだ。6月末の時点が、われわれ反対派が最も優勢な時期だった。

だが、7月に入って憲法学者が背後に引っ込み、SEALDｓのデモが政治戦の前面に出るようになり、法案反対の動きと勢いは失速する。野党がプロレス（八百長・出来レース）を演じていて、本気で法案阻止する意思も戦略もないことは、辻元清美の態度をテレビで見ながら、衆院審議時点で国民は十分に察知していた。9月に法案を阻止するためには、国会の外から論点を持ち込み、8月中旬までに支持率を25％まで落とし、総裁選の幕に引き込むしかなく、公明党を継続審議に持ち込むしかなかった。そしてそれは、6月末時点では十分に可能と思われる展望だった。その政治を実現させる上で最も有効な戦略は、私が提案した受け皿作りを具体化させることだっただろう。

受け皿が見えないと安倍晋三の支持率は落ちない。だから早めにと、私は具体的なプランを提案した。7月、このプランが浮上し、マスコミの表舞台で話題になって議論されるレベルに至っていれば、保守を含めた広範な層から注目と期待を受け、大きな言論の力となり、安倍晋三から支持率を奪い取る原動力になっていたに違いない。7月に「小林節を首班とする立憲連合政府」の受け皿工作に注力すべきだった。7月以降、法案反対の政治言論を仕切った左系マスコミは、SEALDｓのデモを反対運動の中核に据え、連日SEALDｓを宣伝紹介し、SEALDｓに大衆の支持と興味を集めて人々を街頭に誘う戦略を遂行した。左系マスコミに合わせて、政党（共産党）もその戦略で陣形を張った。

私は、その戦略が失敗だったと分析する。実際に、8月に入って安倍晋三の支持率は反転回復した。7月の政治の動きの結果が8月の支持率にあらわれる。勉強の結果が試験の点数にあらわれるように。

SEALDsは、現在は左翼リベラルの世界で神格化が進み、絶対的なシンボルになっているが、何度も言うように、彼らには言葉がなく、イメージとコピーだけの広告代理店のCMアイドル的存在（＝神輿）だったから、憲法学者のように人の心を動かすことができなかったのだ。その証拠に、7月15日以降の金曜国会前のSEALDs単独でのデモの人数は、SEALDs発表値で、7月15日が10万人、7月24日が7万人、7月31日が2万5000人と減っている。7月15日と7月24日の数字は荒唐無稽な水増しの数字で、実数はこの5分の1以下だ。7月31日の数字が急に小さくなったのは、このときの集会が「学者の会」と共催だった所為もあるだろう。佐藤学や中野晃一の目が光っていて、木下ちがや（しばき隊）の独断で水増し率を決定できなかったためだろうと推測する。同じように、9月6日の新宿でのデモも「学者の会」と共催だったため、SEALDsはいつもの極端な水増し数字を発表できず、1万2000人という控え目な数字に止まった。その一週間前の8月30日のデモでは、SEALDsは「35万人」と誇大な数字を独自に発表している。SEALDsの大本営発表の数字は、5から10で割ると本当の数字が窺われる寸法だ。いずれにせよ、7月15日の衆院通過時をピークにして、デモの人数は明らかに減っている。

政治のデモに個人が参加するときというのは、芸能イベントや商品広告のようにイメージやキャッチコピーで釣ることはできない。できたとしても、それは一瞬のモメンタムで風が吹き止んでしまう。言葉のない（理論武装を提供できない）ＳＥＡＬＤｓには、人を動かす力がなく、デモの実際の動員力はなかった。マーケティングの用語で比喩を試みれば、アウェアネスはどんどん上がったが、プリファレンスは上がらずに「購買」に繋がらなかった。90年代の国内ビール市場におけるＭＡＬＴＳやバドワイザーの位置と似ている。

安保法案反対のデモ運動は、「総がかり」が団体系（Mature Left）のベースロードを分担し、ＳＥＡＬＤｓが左系マスコミの後押しを受けてフロー（非団体系の個人）を積み上げるという戦略だったが、ＳＥＡＬＤｓはフローを動員することができず、8月30日の主催者発表12万人のデモは中高年の男性ばかりが目立つという結果になった。12万人という数も期待と予想を下回った。この時点で、安倍晋三の支持率は持ち直して40％に戻り、創価学会の乱も見かけだけで内側では完全収束し、公明党が盤石で、そのため野田聖子の推薦人集めも頓挫した。万事休す。野党は、公明党が秋波を送ったにもかかわらず武藤貴也の議員辞職勧告決議案に乗って来ず、完全に与党にプロレスを見抜かれる結末となった。ここからは（9月からは）誰も政局を動かせず、反対派の一般市民はホールドアップの状態で、野党のプロレスと、左系マスコミのデモ報道を見守る以外になかった。

あらためて、総括として、7月に安倍晋三の支持率を落とす方策を次々打たなくてはいけなかったこと、それが欠如した失敗を強調したい。総裁選を政治戦のクライマックスに位置づけ、そこで安倍晋三の首を取る作戦を設定すべきだった。そして、反対派の政治の主役には憲法学者のチームを据え、立憲主義のエバンジェリズムでマスコミ報道を終始埋めなくてはいけなかった。結局、戦略の実行は左系マスコミ（特に『報ステ』と『NEWS23』）が担当しているのだから、国会も、デモも、それぞれ戦略フェーズの一つでよく、したがってSEALDsは「ママの会」と並ぶ脇役の精鋭軍団の一つでよかった。デモの絵に拘る必要はなかった。デモが自己目的化し、デモの絵作りのフェティシズムに陥ってしまった。世論こそが勝負の勘所であり、安倍晋三の支持率を下げることが目的で、その目的達成のために戦略ミックスを組み、最適な手段を効果的に繰り出すべきだった。イメージではなく言葉（セオリー）が説得と確信の根源であることを理解すべきだった。憲法学者の講義が4か月間茶の間を埋め続け、人々を立憲主義者に変えるプロジェクトにする必要があった。

1945年8月の敗戦から1年間が、民主主義の概念の集中教育の期間であり、国民の誰もが自らを民主主義者に人格改造する機会であったように、2015年6月からの4か月間は、立憲主義が国民の内面にインストールされる機会でなくてはならず、市民が憲法の本を買い、小林節や長谷部恭男の講義を再学習する時間でなければならなかった。

ところが、反対派はそれをせず、7月からSEALDsを主役にし、小熊英二の「デモ＝民主主義」の刷り込みに熱中するという誤りを犯してしまった。SEALDsではなく、憲法学者を中核に置かなくてはいけなかった由縁は、一つにはイデオロギーのバランスの問題がある。この点は、誰も指摘していないが、今回の政治を解読する上で重要な問題点に他ならない。憲法学者（小林節・長谷部恭男・石川健治・木村草太）の中に左翼はいない。基本的に保守のスタンスだ。だから、市民は憲法学者に積極的にコミットしたのである。市民の政治ニーズがそこにあった。いくら左系マスコミがSEALDsの無色透明を宣伝しても、SASPLから出発したSEALDsを中立表象で説得するのには無理があり、左に寄りすぎたSEALDsでは広く国民一般の支持を調達するのが難しかった。

（15年9月22日）

7　敗北を勝利とスリカエて自己陶酔する「デモ＝民主主義」の倒錯した光景

高橋哲哉の『靖国問題』の中で、「感情の錬金術」という問題が論議されたことがあった。戦死者を出した遺族の感情が、靖国の儀式による意味付与を媒介して悲しみから喜びへ、不幸から幸福に180度変わる、国家神道のイデオロギーによる観念倒錯の心理を説明した言葉だった。何やらそれと似たような精神状況が、安保法に反対した人々の間で横溢しているように見受けられる。政治戦に負けたのに勝ったと言い、崖っぷちに追い詰められたのに勝利を達成してバラ色の地平に立ったような、そういう言説がマスコミとネットを覆って踊っている。完敗を喫した側に敗北感がなく、虚脱感が寸毫もない。

本来、これほど長い政治戦を戦い、エネルギーを投入し、勝てるはずの戦いを落としたのだから、もう少し挫折感や無力感がストレートに表れてよく、結果を深刻に受け止め、何が敗因なのだろう、どこで間違っていたのだろう、どうすれば勝てたのだろうと、真摯に総括と反省を始めないといけないはずが、そうした本来あるべき営みの方向感覚が絶たれている。まるで日系ブラジル人の「勝ち組」のように、敗北を認めず、屈折した共同幻想に浮かれ、敗者が勝者のように振る舞っていて、精神をハイテンションに高揚させて自画自賛の昂奮に耽っている。「勝ち組」の言論に違和感を感じて小言を垂れた江川紹子は、逆に左翼によって Twitter で袋叩きの目に遭った。

こうした集団狂躁（ウェーバーの宗教社会学のオルギー）には中身があって、その象徴にＳＥＡＬＤｓがあり、その根拠に共産党の「選挙共闘」がある。そういう構図になっている。「勝ち組」に最初に言って頭を冷やさせないといけないことは、成立したのが戦争法だということだ。私も含めて法案反対派は、その法案を戦争法案と呼んでいた。国会で成立し、制定施行されれば、戦争が始まるという意味に他ならない。この法案が戦争法案なのかどうか、その規定が当を得ているのかどうかが政治戦の論争の一つだった。

安保法が国会を通過すると、反対派は急に法の性格づけを弱めた議論を始め、デモで運用を抑えられるとか、違憲訴訟で無効にできるとか、選挙でねじれを起こせば海外派兵を止められるとか言っている。果たして、そう楽観的に言えるだろうか。

第一に時間の問題がある。この関連法の施行は来年（16年）2月だ。この法律は自衛隊が海外で戦争することに法的根拠を与えるものである。来年になれば、自衛隊は法（戦争法）に従って粛々と行動する。参院選は7月。その間に戦争が起きればどうするのか。

第二にオーナーシップの問題がある。この法律のオーナーは誰か。言うまでもなく米国（米軍）である。個人名を挙げれば、アーミテージとナイである。集団的自衛権行使を含む安保関連法案の整備は、米国がアーミテージレポートで指令してずっと待っていた「成果」に他ならない。

地球上のどこでも自衛隊が展開して、米軍の二軍となって血を流すことが、この関連法の「立法事実」に他ならない。オーナーは米国（米軍）であって、防衛省でも安倍晋三でもないのだ。先に日米ガイドラインがあって、それを法的に担保するために安保関連法がある。審議を通じて中谷元と安倍晋三が、何度も「事態の適用は総合的に判断する」と言ったのは、法律（すなわち国会や裁判所）に縛りをかけず、軍のフリーハンドにするという意味で、そのことは左翼リベラルもよく承知している。

考えなくてはいけないのは、そのフリーハンドの手は実際には米国（米軍）だということで、運用の実権は米国（米軍）が握っている点である。日米ガイドラインは非常に抽象的な文言が並んでいるけれど、軍の行動というものは常に具体的で、戦争するときは相手がいる。敵と戦場が特定されている。おそらく、あの日米ガイドラインは表向きの文書に過ぎず、きっと裏に、独ソ不可侵条約と同じような秘密議定書があるのだろう。密約が隠されているはずだ。統幕から共産党に漏れ出た南スーダンＰＫＯは、自衛隊独自の公式の活動計画で、自衛隊のみで完結する「国際貢献」の範疇のものである。日米ガイドラインの秘密議定書には、米軍が主導し関与する極秘の作戦計画があり、中東と南シナ海での任務分担が書かれているに違いない。法の発動は、官邸の判断と命令で行うのではなく、米国（米軍）の都合と要請で行われる。

第三に、戦争には相手（敵国・敵勢力・敵軍）がある。いちど交戦状態に入ってしまえば、最後まで戦い続けるしかない。戦争は一度始めてしまうと、片方の一存でやめるわけにはいかず、終わるまで続くことになる。戦争法は自衛隊を海外で動かして戦争をする法律であり、その法的根拠を定めたものだ。だから、法律の運用は一国内部で完結するものではなく、運用を実際に始めれば、その時点で相手（敵国・敵勢力・敵軍）との関係性が発生してしまう。そこがこの法律が他の法律と違うところであり、国会通過後に左翼リベラルが言っている議論は私には気休めにしか聞こえない。

例えば、南シナ海でフィリピン軍を支援して海自が警戒行動をしているときに、中国軍と衝突を起こして交戦状態に入った場合、日本側からすればどれほど国際法に則った正当防衛であっても、そこを自国領とする中国軍からすれば軍事侵略であり、柳条湖事件と同じ侵略戦争の勃発である。当然、日本軍の攻撃を撃退するまで戦うという作戦行動が選択される。今回の法制は、自衛隊のその活動を法的に保障しており、自衛隊がその行動を任務とする根拠を与えている。そして、実際の命令を指揮発動するのは米国（米軍）だ。米国（米軍）は、日本の安保法制の成立を1年以上首を長くして待っていて、すなわち予定の作戦計画が山のように溜まっている。米国からすれば、これでようやく英国軍と同じ「使える軍隊」になったのであり、早速テストを始めるだろう。

この間、マスコミとネットでは、ＳＥＡＬＤｓの神格化が一気に高まった。そして異口同音に、法案反対運動を通じて「日本の民主主義のレベルが高まった」とか、「主権者意識が高まった」とか、「かつての左翼の暴力的なデモとは違う運動が定着した」とか、「普通の市民がデモに参加するようになった」などと言い、日本の民主主義の質が上がったという積極的な総括が繰り返されている。どこを見ても同じバラ色のフレーズが並んでいる。小熊英二の「デモ＝民主主義」のイデオロギーが撒き散らされ、それに左翼リベラルの信者たちが恍惚となって頷いている。撤退を転進と言い換えた大本営と同じであり、神風が吹く逆転勝利を信じた皇国臣民の態度と同じだ。異常な倒錯としか言いようがない。

この国の民主主義は、政治戦を通じてレベルが上がったのでも新しい地平を獲得したのでもない。敗北によって民主主義は死滅状態に追いやられ、勝利したファシズムが全権を掌握したのが真実ではないか。９月18日の夜、元自衛隊の古庄幸一が『ＮＥＷＳ23』に出演し、かつての統帥権が復活したかのような不気味な勝利宣言を発していた。今後は、国会とか民意とか、そういうものが国家を動かす割合は小さくなるのであり、一握りの国家エリートが（米国と共に）この国の政治を動かすのだと、そう言っていた。日本国の神聖な国家目的の実現を軍部（官邸＋J‐NSA＋自衛隊）が遂行するから、国民とマスコミは黙って見てろと、そう言っていた。まさに戦前。戦前に戻った。

それにしても、あの大きな政治戦の敗北を正面から総括する言葉が一つもない。不思議な光景だ。

（15年9月24日）

8　SEALDs運動とは何だったのか
――社会は動かしたが政治は動かせなかった

辺見庸が9月27日の日記でSEALDs運動を批判した。こう書いている。

「だまっていればすっかりつけあがって、いったいどこの世界に、不当逮捕されたデモ参加者にたいし『帰れ！』コールをくりかえし浴びせ、警察に感謝するなどという反戦運動があるのだ？　だまっていればいい気になりおって、いったいどこの世の中に、気にくわないデモ参加者の物理的排除を警察当局にお願いする反戦平和活動があるのだ」「ちゃんと勉強してでなおしてこい。古今東西、警察と合体し、権力と親和的な真の反戦運動などあったためしはない。そのようなものはファシズム運動というのだ」「国会前のアホどもよ、ファシズムの変種よ、新種のファシストどもよ、安倍晋三閣下がとてもとてもよろこんでおられるぞ。下痢がおかげさまでなおりました、とさ」「やるべきときにはなにもやらずに、いまごろになってノコノコ街頭にでてきて、お子ちゃまを神輿にのせてかついではしゃぎまくるジジババども、この期におよんで『勝った』だと⁉　だれが、なにに、どのように、勝ったのだ」（注：現在は削除されている）。

きわめて激越な批判だ。そして、辺見庸らしい挑発的な口調の、たまりかねた、見るに見かねて口を開いた正論と言っていい。昨夜（9／28）、ＳＥＡＬＤｓ運動の親衛隊であるしばき隊の面々から、辺見庸に対して罵倒の雨霰が飛んでTwitterの小池空間は大騒ぎになったが、私はさすがに辺見庸だと思う。最後の知識人。

デモと警察との関係、お子ちゃまの神輿の問題、当を得た本質的な指摘であり、しばき隊が脊髄反射的にヒステリックな罵倒を浴びせた反応を見ても、この辺見庸の批判の衝撃の大きさが窺い知れる。蜂の巣をつついたように騒いで吠えているのは無名か匿名の者ばかりで、左翼リベラル世界で名の売れた定番の言論人は見当たらない。おそらく激震が走っているのだろう。佐高信とか有田芳生は、この辺見庸の批判をどう受け止め、どう対応することだろう。注目される。辺見庸が堰を切った形になり、率直で秀逸な言論が続き、ＳＥＡＬＤｓ運動への内省や運動の敗北の直視の営みが始まることを期待したい。

今、最も重要なことは、われわれはどうして負けたのか、何が問題だったのかを思考し、各自が答えを言葉にすることであり、総括の議論を深めることだ。希望はそこから生まれる。間もなく辺野古の闘争が始まる。そうなると、この5か月間の記憶と関心は薄れてしまう。私は独自に仮説を提出していて、法案反対闘争がＳＥＡＬＤｓ運動に収斂されてしまったこと、憲法9条と憲法学者の立憲主義が運動の中核思想でなくてはいけなかったのに社会学系の「デモ＝民主主義」が主役になったこと、運動の意味が途中でスリ替わったこと、政党（共産党）がそれに歩調を合わせたことが敗因だと結論している。ＳＥＡＬＤｓ運動に対する検証が必要で、ＳＥＡＬＤｓ運動とは何だったのかの確認が必要だ。

実は、一般の者にはＳＥＡＬＤｓは馴染みがなく、突然現れたニューフェイスだったが、左翼リベラルの界隈ではＳＡＳＰＬは無名の存在ではなかった。赤旗や東京新聞では、以前から紙面で何度も紹介されていて、秘密保護法に反対して運動を起こした立派な学生さんたちという評価と地位を得ていた集団だった。秘密保護法に反対する国会前デモには必ずバナー（横断幕）を持って立っていて、赤旗や東京新聞などの写真には必ず構図の一角を占める目立つ団体で、それらの媒体は、政治に関心の薄かった学生たちまでが遂に立ったという触れ込みで記事を書き、ＳＡＳＰＬをクローズアップしながら秘密保護法反対の説得力の材料にしていた。

今年5月にＳＥＡＬＤｓに名前を変えて以降の彼らのマスコミへの売り出しは、2年前からの赤旗や東京新聞での「メディア戦略」の手法と成功を、そのままテレビ（TBS・テレ朝）と大新聞（朝日・毎日）に拡大したものだ。名前と場（機会）が変わっただけだ。覚えている方もいると思うが、秘密保護法が国会で成立したとき、若い学生が、民主主義が終わったのなら僕らが作り直せばいい、というような意味の発言をし、左系メディアやネットで取り上げられて話題になったことがある。そのときの学生が奥田愛基で、左翼リベラルの世界では安保法の政治戦の前から有名人だった。私がＳＡＳＰＬの面々を近くで見たのは、1月下旬に辺野古の座り込みに行ったときのことである。

このときの印象が悪く、その後、ずっとＳＥＡＬＤｓへの評価が好転しなかった一因になっている。厳密に言うと、一人だけ、沖縄出身で、その後Ryukyu_SEALDsの中心人物になった男の子は感じがよかった。素直で、凜々しく、人を惹きつける風貌と存在感を放っていた。だが、彼の周辺にいた他の学生たちは、何やら人気者気取りで、芸能タレントのような業界ズレした態度のまま、恰も左翼業界の定番論者が本土から応援に来てやったぞという空気を感じて不愉快だった。この子たちの旅費は誰が出しているのだろう、大学の講義に出なくていいのかと訝しんだ。ちょうどそのとき、傍らに琉大の学生らしき感じのいい寡黙な男の子がいて、灼熱の太陽に焼かれながら我慢して一日中座り込みを続けていた。土曜日だった。後期試験の季節であり、必修単位である外国語の試験に苦労した過去を思い出し、この子は大丈夫だろうかと心配していた矢先だったので、東京から大きな顔でやって来て、有頂天でマイクを握っている学生たちの絵とコントラストになり、余計に印象が悪く残ったのだった。6月になり、最初はテレ朝の『報ステ』で、次にTBSの『NEWS23』で、そして『報道特集』で、次々とSEALDsが特集され、普通の学生が安保法反対に立ち上がったと報道され、SEALDsの運動論とデモがマスコミ報道をオキュパイする。7月に入り、マスコミは憲法学者を背後に退かせ、SEALDsを反対運動の代表に押し出した。

テレ朝とTBSがSEALDsを法案反対の政治運動のシンボルに据え、赤旗や東京新聞と同じ丸抱えのスタンスで、いわばSEALDsと心中するような報道にシフトしたのは、この法案を断固阻止するという覚悟と方針があったからだ。安倍晋三を倒す真剣勝負に出たのであり、確実にこの政治戦を勝つという意思と目算があったことは疑いない。『報ステ』と『NEWS23』は、3年前の官邸前（反原発）デモの報道と同じように、それを民意を代表する積極的なシンボルとして担ぎ上げ、組織や団体とは無縁の無色透明性を強調し、テレビの前の視聴者と同じ市民が自発的にデモをしている図だと説得、世論の支持と賛同をSEALDsに惹き集めた。テレ朝とTBSが、東京新聞と同じ政治的立場に立ち、同一の戦略戦術を共有して政治戦に布陣したのである。

こうした戦略をマスコミが採択するに当たっては、私がSEALDsハンドラーズと呼ぶ者たちの工作活動の役割が大きい。地位のある大学教授なりのエンドースとサポートがなければ、テレビ局の報道部がわざわざ、どこの馬の骨とも分からない普通の学生を取材し、効果的な映像に編集加工し、繰り返し宣伝して社会現象にするような報道をするわけがないのだ。この戦略は6月は奏功し、世間の耳目を集め、ＳＥＡＬＤｓのデモに大衆の関心と期待を寄せた。この「メディア戦略」を契機にして、全国各地にご当地ＳＥＡＬＤｓが組織され、「ママの会」「学者の会」の拡大のモメンタムに繋がって行く。

だが、ＳＥＡＬＤｓには政治を引っ張る言葉がなかった。リーダーの奥田愛基に言葉がなく、メッセージは同じ「何だー何だー」とか「あべーをたおせー」の単純なコールだけであり、とても９月まで反対運動の主役を張れる実力を持っているようには見えなかった。ＳＥＡＬＤｓ運動を企画立案し、これを反対運動の主役にして政治戦を勝とうと謀った仕掛け人たち（ハンドラーズと左系マスコミ）は、安倍晋三が９月下旬まで政治戦を引き延ばすと予想しておらず、８月上旬参院採決の戦略ロードマップだったのだろう。７月にかけてＳＥＡＬＤｓは減価償却した。早い話が飽きられた。左翼リベラルの世界では、ＳＥＡＬＤｓについての教養と信仰はどんどん深められ、ＳＥＡＬＤｓは神格化され、絶対的な偶像になって個人崇拝されるようになったが、左翼リベラルの外側の住人たち、具体的には、安保法には反対で安倍晋三と自公に不信を抱く保守層の市民は、次第にＳＥＡＬＤｓへの支持から離れ、ＳＥＡＬＤｓのデモへの関心と期待を失って行った。本来、ＳＥＡＬＤｓとハンドラーズが設計した戦略の想定では、ＳＥＡＬＤｓは無党派層のコミットを受けるべき表象であり、左翼リベラルでない保守に近い中間派の市民をデモに誘導すべき磁性体だった。デモ全体において、ＳＥＡＬＤｓはフロー（Non Political）を動員する役割であり、ベースロード（Mature

Left）を供給する総がかりと分担する運動態勢だった。ところが、7月中旬以降、思惑とは裏腹にSEALDsのデモの人数は減少するのである。

一般の人々は、政治を見てないようで見ている。政治の裏にあるものを直観と経験則で感じ取っている。6月にSEALDsが賑々しくマスコミにデビューしたとき、保守層を含む多くの人々が、古舘伊知郎が説明する額面どおりにSEALDsに好感して興味を持ち、少なからず期待を寄せたことだろう。が同時に、この子たち一体何だろう、裏の正体があるのかしらと半信半疑にも思ったはずである。誰だってテレビに出たい。テレビの主役になり、テレビ報道で持ち上げられて英雄になりたい。学生で政治運動をしている者は、右翼でも左翼でも無数にいる。どうしてこの子たちだけがスポットライトを浴びたのかと、誰もが疑問に思い、マスコミが隠している情報はないかとスマホで検索して調べたことだろう。

現れたのは、右翼が調査して暴露したカウンター・プロパガンダの証拠写真であり、「全労連」（注：全日本労働組合総連合。共産党系の労働組合のナショナルセンター）の車とか、「民青」（注：民主青年同盟。共産党傘下の学生・青年組織）の幹部とか、そういう類のものだったため、何だそうだったのかと引いたということが推測される。反共宣伝は効く。私が引いたのは、中野晃一の呟きだった。記憶だけで恐縮だが、確か、7月15日の夜のデモの写真が翌日の朝日新聞の1面トップに出ていて、国会前の群衆全体が弾けて四方に散っているような特殊に加工処理された絵の中心にレンズの焦点が当たった中野晃一が写っていた。その写真を中野晃一がTwitterで紹介し、あっ、こんなところに僕がいる、というような雑談をしていた。それから暫く後に、朝日新聞が今度は堂々とデモ中の中野晃一をアップで撮って掲載していたことがあった。

偶然ではないだろうと思われる。記者と懇意であり、どちらが先に言い出したのかは知らないが、計画的に写真を撮って載せる相談になったのに違いない。APやロイターがデモを報道した記事は、どれも中身が同じで、それは赤旗も東京も朝日も毎日も同じ論調なのだが、まるでハンコを押したような「普通の若者が立ち上がったデモ」「新しい民主主義」の説明になっていた。SEALDsの学生の中で、英語でインタビューを受けて答えた者がいるだろうか。APやロイターのデモの報道は、記者が自分で取材して書いたものだろうか。私は、それはSEALDsハンドラーズによる情報操作ではないかと疑っている。SEALDs運動とは何だったのか。結論として、それは社会を動かしたが、政治を動かすことはできなかった。社会学系（脱構築）の運動だったからだ。「デモ＝民主主義」のエバンジェリズムに成功したが、安保法（戦争法）を阻止することはできなかった。SEALDs運動の本来の目的が、戦争法を阻止することではなかったからだ。デモが自己目的だったからだ。

（15年9月29日）

9　「流行語大賞」の違和感
――安保法の対立を解消する機嫌とりの共同体儀式

先週（12／1）、年末恒例の「流行語大賞」の発表があり、トップ10の中に「アベ政治を許さない」と「SEALDs」が選ばれ、受賞式の会場に澤地久枝が出席していた。そのテレビ映像を横目で見ながら、私はとても怪訝な気分になった。できれば、その違和感について辺見庸に言葉をあてがってもらい、代弁を果たしてもらって、すっきり爽快になりたかったが、叶わぬ望みのようなので自分で試みることにする。選考委員長が鳥越俊太郎だったので、こうした結果になるのは自然だとも言えるけれど、何か面妖で不快な感じが残る。奇妙で奇怪だし、人をバカにしていると思うのである。最初に、難しい表現で直観を言えば、その絵はまさに、辺見庸的な意味の「ファシズムの左側からの補完物」の政治そのものだ。以前、10月頃だったか、私は、安保法の政治は年の瀬と正月で一つに丸く纏められ、そこで国民の意見対立は止揚されるだろうという意味のことを言った。和をもって尊しとなす。日本人というのは、（良い悪いを別にして）均質性と一体性を重んじる。共同体に対立を引き摺るのを嫌う国民性を持ち、正月という時間の区切りを利用して、共同体の成員全員が新しく生まれ変わる機会と儀式を上手に使い、対立を忘れる（水に流す）ということをする。勝者と敗者が丸く一つに収まるということをする。

そのとき、日本人独特の知恵をはたらかせ、ウイナー・テイク・オールにせず、敗者に応分の分け前を与え、敗者の立場と名誉を重んじてやり、不平不満が出るのを最小限に抑えようとする。そうやって、支配者の支配を巧みに維持し、被支配者の反乱を防いで共同体の統治をよく保全するのだ。眼前の「流行語大賞」の光景は、まさしくそうした日本の伝統的な支配方式が華麗に遂行される場面であり、日本の思想の原風景が垣間見えた瞬間ではなかったのか。「流行語大賞」を仕切っているのが電通だということは、誰でも知っていることだ。テレビ局と官邸の意思が反映し、政治的な思惑を持っていることは誰にでも察せられる。支配者たちは、リップサービスで敗者に譲歩し、安保法を強行採決で通した代わりに「これで我慢してくれよ」と言わんばかりに、澤地久枝とSEALDsの子どもたちを今年の主役にし、年末の華やかな舞台で祭り上げてやり、敗者の機嫌をとったということなのだ。そうした見え見えの政治的本質を、今、誰も言う者がいない。9月19日の強行採決の後、NHKは急にSEALDsを美化して報道の前面に押し出すようになった。それまで、夏の間、SEALDsについてNHKは一切報道せず、それは専ら安保法案反対局であるTBSとテレ朝の専売特許だった。

テレ朝とTBSのお抱えタレントだったSEALDsを、法案成立直後からNHKが解禁し、国民的なアイドルにした。法案が通過したものだから、NHKは敗者の側に恩情をとばかり、法案反対の（すなわち左翼の）シンボルだったSEALDsを国民的なシンボルに調整していった。NHKに倣って、他の局もSEALDsをお笑いタレントにし、国民的人気者の表象へと加工処理をしていった。鳥越俊太郎が「流行語大賞」の選考委員長になり、澤地久枝とSEALDsがトップ10に入り、反安倍・反安保の政治シンボルが国民的流行現象として地位を認められたことで、政治に負けた者たちは、自分たちのデモが有意義だったという納得感と優越感を持つことができるようで、先週のTwitterにはそういう書き込みが多かった。SEALDs運動に参加してきた左翼リベラルは、本来、彼らが正しく持つべき屈辱感や敗北感から逃げ、自分たちをデモで民主主義を高度化させた勝利者のように言い上げてきたけれど、こうして、電通がそれをオーソライズする年末イベントを騒ぐことで、彼らの勝利感が倍加され、苦痛や憂慮なく新年を迎えることができるという仕組みだ。もともとマスコミで注目されたい、タレント志望だったSEALDsの面々は別にして、この芝居の政治的意味（＝ファシズムの統合工作）を心得ているはずの澤地久枝が、どうして堂々と会場に行ってニコニコ笑顔をふりまけるのだろう。よく理解できない。

電通が企画催行している「流行語大賞」は、良くも悪くも国民的なもので、テレビの芸能ワイドショーのネタで、スポーツ新聞の芸能面で娯楽を提供する類のものである。国民的なものであるということは、非政治的な性格を旨とするもので、政治的な立場の露出を抑制したものが好まれることは言うまでもない。例えば、この受賞と式典に、百田尚樹のバカ面があったり、櫻井よしこの妖艶な媚笑があったりすると、リベラルの市民にとっては大いに不興と憤慨の事態だろうし、それだけで「流行語大賞」は国民的娯楽ニュースの意味を失うだろう。今回、右翼方面から反発が上がらず、澤地久枝とＳＥＡＬＤｓの派手な登壇に不満が出ないのは、右翼側（安倍晋三と安保法を支持する側）がリップサービスの意味を察知していて、これが「忖度」と「宥和」の政治手法だという真相を理解しているからに他ならない。電通は、年末の国民的娯楽ショーである「流行語大賞」の禁を破り、則を超え、コードとプロトコルを逸脱して、その見せ物の中身を左翼リベラルにサービスし、今年の主役を反安倍・反安保の政治シンボルに据えた。そう意味づけた。そのことにより、反安倍・安保反対も、安倍支持・安保賛成も、一つの国民的ムーブメントに回収され、一つの共同体のバスケットに放り込まれ、賛否両論あったけど、決まったことだから仕方ないねという気分に醸成され、国民個々の心構えが新年で切り替わるのである。

結局、９月の強行採決の後、安倍政権の支持率は時間が経つほどに上がっていて、盤石で安定したものになっている。それは私が予想したことでもあった。厳しい言い方をするかもしれないが、澤地久枝も耄碌したものだと思う。こんなイベントに出演してはいけないし、「アベ政治を許さない」の標語をお笑いネタで消費させてはいけなかった。この政治標語は、もっと真剣なものだったはずだし、この標語の下に法案に抵抗する者が結束し、現政権を倒そうとするもので、もっと神聖な政治意思をあらわしたものだったはずだ。どうして、素っ裸のお笑い芸人がポーズするのと一緒の記念写真に収まる芸能ネタになるのだ。悪ふざけが過ぎるし、一生懸命に運動していた者は心を傷つけられると思う。心が傷つかない方がおかしい。９条の代名詞のような澤地久枝がのこのこ出てきて、ヘラヘラ笑っていることに苛立ちを覚える。澤地久枝にとって、あの法案が成立したことはどういう意味があるのか。ＳＥＡＬＤｓについて言えば、最初から芸能人になるのが目的だったようなところがあるから、この子たちはこれで満足なのだろうなと冷ややかな目で見るだけで、別に苛立ちを覚えることはない。おかしいのは、ＮＨＫにしても、今年は政治関係の言葉が多いですねとＳＥＡＬＤｓを紹介するのだけれど、本来、それは政治関係というようなニュートラルなものではなく、反政府運動だったはずなのだ。反政府運動だったものが、イデオロギー性を脱色した無色透明の「政治関係」の対象となり、社会現象の扱いになっている。

何もかも、あまりに欺瞞的にすぎる。惨めで歯がゆい思いにさせられる。

（15年12月７日）

10　ＳＥＡＬＤｓ運動の神通力が消えた大阪ダブル選挙

――共産党の挫折と失速

些か古い話に戻って恐縮だけれど、11月22日に投開票された大阪ダブル選挙の結果は、無視できない重要な問題だと思われる。これまで快進撃を続けてきた共産党の勢力が、ここで大きな壁に突き当たり、逆風の事態を迎えることになった。ぐんぐん党勢を伸ばしていた共産党が、突然、何かの選挙でブレーキがかかって失速するというのは、これまで一度ならず目撃してきた光景で、１９９０年代末にも遭遇したし、１９７６年の衆院選の衝撃は今でも生々しく記憶にある。あのとき、それまで破竹の勢いで議席を増やし、大都市を次々と革新自治体に変え、「民主連合政府」への期待に国民を昂奮させていた共産党が、一気に38議席から17議席に半減、手痛い敗北を喫した。その躓きは、そのまま2年後の１９７８年の京都府知事選に繋がり、大きな大きな関ヶ原の戦いで左翼は敗れた。釜座の落城。以後、残酷で苛烈な政治の掃討戦が始まり、あの、凄惨をきわめた都教組分裂劇を含む80年代の「労働戦線の右翼的再編」に至る。信仰を守り、意地を貫き、左翼の立場に踏み止まった者は、長い長い負け犬の人生を歩むこととなった。『借りぐらしのアリエッティ』の家族のように。レーガン・中曽根による新自由主義の開幕。そして、バブル・ポストモダンへ。時代が変わることを告げるように、若者たちに改宗を促すように、１９８０年12月8日、ジョンレノンが射殺されて姿を消した。

10月時点での大阪ダブル選の下馬評は、府知事選は届かないが、橋下徹が出ない市長選は「オール大阪」で確実に取れるというものだった。私もそう予想していた。10月1日の『プライムニュース』を見ていると、松井一郎と伊藤淳夫が出演して、分裂した維新の今後を論じる企画で議論が進行したが、とにかく、司会の反町理の維新大阪組への批判の舌鋒が凄まじく、維新大阪組はもう中央政界には戻れないだろうという前提がくっきりした論調だった。反町理が松井一郎を一刀両断に斬って捨て、反論の余地を与えないほど徹底的にやりこめていた。政局屋で生きている反町理がここまで叩くのは、大阪市長選での維新の敗北が必至の情勢で、確かなデータの根拠があるからだろうと、テレビの前で私はそう思い、前途を楽観、ようやく橋下徹が消えてくれると安堵の気分でいた。ところが、それが暗転するのが、10月末か11月初めに出た読売の情勢報道で、両方ともおおさか維新が取るという意外な予測が記事で出る。私は驚いて狼狽したし、そのときは理由が分からず首を捻ったが、3週間前のマスコミの情勢報道でこう出てしまうと、そこから選挙をひっくり返すのは難しい。当時は、ＳＥＡＬＤｓ（ＳＡＤＬ）が大阪の街頭で奮戦中という情報がネットを埋め、ＳＥＡＬＤｓの若い槍が橋下維新を討ち取るだろうという期待感が充満、まさか橋下徹が巻き返せるとは思いもよらなかった。

自共共闘の候補で立った柳本顕は、識見・人物ともに申し分なく、若くてスマートで、こういう政治家がまだ自民党にいたのかと思うほど好感の持てる、ぜひとも大阪市長に就いて欲しい適材だった。これほどの人物を候補に擁立して、自民、民主、共産の大連合が担ぎ、どうして橋下徹本人でもない新人に負けたのか。それはやはり、マスコミの解説で言われていたように、保守有権者における共産推薦候補へのアパシーという要素を看過できないだろう。街頭での選挙運動は、自民より共産の主導だったと言っても過言ではなく、5月の都構想住民投票を制し、安保法反対運動から「国民連合政府」構想で上げ潮にあった、共産の支持者がエネルギーの中心だった。今回、共産は国民的人気者となったＳＥＡＬＤｓ（ＳＡＤＬ）を選挙の前面に押し立て、そのプラスイメージの訴求で集票を図る作戦を敢行した。左翼リベラルの側からすれば、ＳＥＡＬＤｓ（ＳＡＤＬ）を錦の御旗に掲げるのは、パーフェクトな戦略の設計と布陣だっただろう。豈図らんや、蓋を開けてみれば、結果は大差の負けとなり、ＳＥＡＬＤｓのシンボルは奏功しなかった。しばき隊№3の木下ちがや（明治学院大学非常勤講師）は、投票前々日の11月20日に、「この一週間で僅差まで追い上げてきている」などと根拠のないプロパガンダを撒いていて、今から見れば失笑のタネとなっている。選挙活動とはいえ、荒唐無稽なデマの発信でしかなかった。

大阪ダブル選の惨敗は、自民の敗北というより共産の挫折である。そして、意味において重要なのはＳＥＡＬＤｓの威光の限界の露呈という点だ。大阪の選挙の結果は、基底のトレンドとして、安倍内閣の支持率上昇とシンクロナイズするものであり、そして、半年間続いた安保法闘争の総括が反映されたものである。もっと直截に言えば、ＳＥＡＬＤｓ運動の化けの皮が剥がれた政治の一幕だと結論できる。ＳＥＡＬＤｓはマスコミが作り上げた虚像であり、左翼系の学生政治団体をマスコミが国民的な中立表象に細工したものだ。かつて、辺見庸は橋下徹のことを「テレビがひり出した糞」と呼んだが、安倍晋三を支持する右翼の視線からは、ＳＥＡＬＤｓはそれに近い実体に見えるに違いない。ＳＥＡＬＤｓの本質は、単に左寄りの立場の学生たちが、マスコミの表面で目立ちたい動機で活動し、その目的を達成したものである。若い学生でも政治的な意思と主張を持っている。それは、決してマスコミの報道と世間の通念であるところの政治的無関心や右寄り（ネトウヨ）の立場だけではない。だから、（希少価値である）自分たちの存在をマスコミは正しく世間に紹介するべきで、意見発信の場を与えるべきだというのが、ＳＥＡＬＤｓの言い分で、「かっこいいデモをしたい」とだけ繰り返し、マスコミ論者や政党幹部に「オシャレなデモ」だと賛辞を言わせていた。立場とイメージは持っていたが、議論は何もなかったのである。タレント志望だった。

マスコミとしばき隊のフェローズたちは、ＳＥＡＬＤｓに入念に化粧を施し、マスコミとネットをＳＥＡＬＤｓ礼賛の声ばかりで埋め、国民的英雄に祭り上げ、ＳＥＡＬＤｓ批判をタブーにして封じたけれど、この子たちが何の知識も教養もなく、政治を指導するに必要な理論も哲学もなく、ただ裏の黒子に操られている人形であり神輿であることは、マジョリティの保守だけでなく、多くの国民が7月から薄々気づいていたことだった。気づきながら、不審の声を上げることができなかったのは、安保法案を阻止したかったからであり、ＳＥＡＬＤｓへのネガティブな言論が法案阻止にマイナスの影響になることを恐れたからだった。法案反対運動がＳＥＡＬＤｓ運動として固められてしまったため、それに対して悪口を言うことは憚られた。法案反対運動を分断してしまう利敵行為になるからである。

だが、よく目を凝らして観察すれば判明したことだが、憲法学者による立憲主義からの反安倍の言説と、「デモ＝民主主義」のエバンジェリズムであるＳＥＡＬＤｓ（しばき隊・フェローズ）の言説と、その二つは別物の思想で、二つは決して同じではなかった。憲法学者はデモの扇動はせず、立憲主義の説得で安倍政権と安保法案の正当性を根本から突き崩し、安倍晋三の支持率を落としていたが、ＳＥＡＬＤｓ（フェローズ＝小熊英二）は汎デモ主義で、極論すれば、法案のことなどはどうでもよかった。7月下旬に『サンデーモーニング』に出演した高橋源一郎が、「ボクは法案はもう諦めているが、若者の民主主義のデモに期待している」と言った一事が、ＳＥＡＬＤｓ運動の正体を示している。

左翼リベラルはＳＥＡＬＤｓに騙されたが、11月の大阪の市民は欺瞞に気づいたということなのだろう。大阪の人々だけでなく全国の人々が、ＳＥＡＬＤｓと今夏に一世風靡した「デモ＝民主主義」の運動の欺瞞に気づき始めている。その証拠に、マスコミ各社の世論調査では、安倍政権の支持率が上がっているだけでなく、共産党の支持率が下がっているのだ。毎日の世論調査では、８月に５％だった支持率は、10月に４％となり、12月に３％に落ちた。ＴＢＳの世論調査でも、共産党は前回から１・９ポイントも下落して３・４％に落ちている。大阪の選挙の結果は、全国のトレンドを象徴的にあらわした政治となった。反動の季節が到来した。だが、この反動と低迷は、７月から９月にかけての左翼リベラル自身の政治的錯誤（ＳＥＡＬＤｓ運動の欺瞞）が招来させたものである。結果には原因がある。

（15年12月９日）

11　今年1年を振り返って
――安保法成立の無念とSEALDs運動のあざとさ

今年１年を振り返ったとき、やはり言わなくてはいけないことは、安保法が制定されてしまったことだ。９月19日未明に成立し、９月30日に公布された。来年３月末までに施行となり、来年度の自衛隊は新しい安保法制の下での運用となる。あらためて言うまでもなく、この新法制は憲法９条の改定を先取りしたもので、違憲立法であり、本来なら９条を改定した先に生まれ変わるべき自衛隊が、そのまま出現して活動してしまうことになる。中身としては、安倍晋三がＤＣで約束してきたとおり、米軍の戦争に自衛隊を差し出して使ってもらうということであり、来年からの戦争に自衛隊を駆り出すということだ。具体的にどんな戦争かということは、1年前に米国の安全保障と外交のシンクタンクの幹部が『報ステ』で証言を残していて参考になる。私は、尖閣危機が起きて安倍晋三が政権を取った2012年から、ずっと、2016年6月頃に中国と軍事衝突を起こすという予想を言い続け、その根拠を論じてきたが、半年後に日程が迫った今でも、特にそれを修正する必要性を覚えない。不思議なのは、巷の空間に戦争が始まるという危機感がないことだ。あれほど安保法の危険性を報道し、法案阻止の論陣を張った『報ステ』や『NEWS23』が、最近は戦争に恐怖する気配が全くなくなった。戦争法と呼んだ安保法が成立した後、まるで平和な時代を取り戻したかのようだ。

それはマスコミだけで見られる現象や傾向ではなく、左翼リベラルの界隈全体がそうであり、妙な安堵感や満足感の空気が支配していて、戦争への危機感など微塵もなくなってしまっている。左翼リベラルが9月に言っていたところの、SEALDsのデモで民主主義が前進したとか、デモを当然に実践する本当の民主主義の国になったとか、そうした言説を錦の御旗に掲げた達成感や高揚感がずっと続いていて、「社会がよくなった」という錯覚が彼らの脳裏を支配しているからだろう。9月以降、左派メディアはずっとこの刷り込みを続け、SEALDsを神格的なアイドルにして宣伝し続け、TBS報道特集でも、『AERA』でも、SEALDs運動絶賛のプロパガンダで埋め続けている。その一方で、安倍政権の支持率は上がり続け、50%近い高支持率が来年参院選の前提条件になろうとしている。そのことについての左翼リベラル側の危機感は全く見られない。今週号（年末年始号）の『ＡＥＲＡ』が、「民主主義を取り戻す」という特集を組んでいて、高橋源一郎と坂本龍一の対談が載っていた。夏と同じ口調でＳＥＡＬＤｓをべた褒めしている。40年ぶりの学生の政治運動だと言って絶賛している。同じ軽薄な賛美のフレーズばかり繰り返している。本当に、単純化されたワンフレーズの押し込みと刷り込みだ。ファシズムそのものだ。大阪W選で負けたことなど一行も触れてない。

『ＡＥＲＡ』の特集の最初のページに、編集部がこう書いている。

「民主主義って何だろう。戦後日本の歩みの中で、この根源的な問いが、これほど多くの人々の口から発せられた年があっただろうか。（略）戦後民主主義はうまく働かなくなっている。（略）さびついた日本の民主主義を、アップデートするにはどうすればいいのか。一緒に考え続けませんか」（Ｐ10～11）。

この口上は、夏以降、朝日や毎日や東京新聞がずっと言ってきたものと同じだ。ＳＥＡＬＤｓ主義に帰依する定番言説。二つのことを反論として言いたい。まず、それでは、「民主主義とは何か」についてＳＥＡＬＤｓはどう説明したかという点だ。ＳＥＡＬＤs運動の民主主義論とは何なのか、それについて自明な定義はあるのか、マニフェストやステイトメントはあるのか。ＳＥＡＬＤｓを美化し絶賛している者たちは、「ＳＥＡＬＤｓの民主主義」について理性的に認識した上で共感しているのか、「ＳＥＡＬＤｓの民主主義」を自分の言葉で他人に説得できるのか。ＳＥＡＬＤｓがどんな画期的な民主主義論を唱えたのか、この国の市民を啓発し覚醒させたのか、私には全く記憶がない。ＳＥＡＬＤｓの学生が、民主主義についてマスコミで語ったのを聞いた覚えがなく、ＳＥＡＬＤｓの民主主義論とはこうだと誰かが解説したのを聞いた覚えがない。「民主主義ってなんだあ」というのは、デモの単なるフレーズだった。念仏の唱和だった。そこには思考や考察はなく、言葉は何もなかった。

ＳＥＡＬＤｓが、明示的に民主主義の概念を整理したこともなければ、従来とは異なる民主主義の新しい理念を措定したこともない。「ＳＥＡＬＤｓの民主主義」は未だに不明で未知の問題だ。不明で曖昧なのに、『ＡＥＲＡ』や朝日などの左派メディアは、恰もＳＥＡＬＤｓが民主主義の概念を再生したように言い、その理論的試みが人々に受け入れられたように言っている。まさに「裸の王様」が歩いていて、沿道の人々が王様の衣装は華麗で眩いと讃えているのと同じだ。面妖な宗教のブームとしか言いようがない。選挙では政治は変えられないが、デモで政治を変えられるのだと、そう3年前の官邸前デモのときに言ったのは小熊英二だった。その言説を基本的にＳＥＡＬＤｓ運動は引き摺り、ときにその言説の端くれを「ＳＥＡＬＤｓの民主主義」のように見せたりもするが、実際にはＳＥＡＬＤｓはそうした民主主義の方法論を言挙げすることもなく、安保法が通ったら、すぐさま選挙運動に切り換えて、方法論は何でもありになってしまった。「ＳＥＡＬＤｓの民主主義」

とは一体何なのだ。それに関連して二つ目の問題だが、この中にあるような、戦後民主主義に対するネガティブな見方も、ＳＥＡＬＤｓ運動を担ってきた者たちの思想的な特徴として看過できない。小熊英二と高橋源一郎に共通する考え方であり、簡単に言えば、全共闘の思想に対する内在と郷愁である。日本のマスコミや出版社には、今でも吉本隆明のシンパが多くいて、彼らが脱構築主義の種を撒いている。

すなわち、戦後民主主義に対する左からの罵倒と貶下を飽きずにやっていて、事あるごとに戦後民主主義を卑しめる主張をマスコミや論壇で吐きつけている。三つ子の魂百までだ。今回、小熊英二と高橋源一郎がＳＥＡＬＤｓ運動を仕切ったことで、ＳＥＡＬＤｓ運動は全共闘運動の生まれ変わりという話になり、全共闘の表象がクレンジングされるという思想的事態となった。『ＡＥＲＡ』の編集部は、まるで脱構築主義に洗脳されたサティアンそのものだ。こうした現場の思考からは、安倍晋三の支持率が上がっているとか、参院選で安倍自民が圧勝するとか、南シナ海で自衛隊が中国と軍事衝突を起こすかもしれないとか、危機的現実への憂慮は全く意識に上らず、日本の民主主義が燦然と輝き、45年前に全共闘が夢見た地平へと飛躍しつつあるように見えるのだろう。彼らが、敗北感や挫折感の中になく、ひたすら勝利感と充実感の中にあるのはなぜだろうか。それは、ビジネスで成功しているからである。ＳＥＡＬＤｓ運動でカネが回っているからだ。ＳＥＡＬＤｓが売れ筋商品であり、ＳＥＡＬＤｓを持ち上げて金儲けができているからである。テレビで売ってヒットした。テレビタレントとして大型の商品にした。売れっ子お笑い芸人のように、あと1年か2年、ひよっとして5年、売れる素材にすることに成功した。ＳＥＡＬＤｓの市場を作ることができた。「デモ＝民主主義」の布教に成功した。だから、彼らには勝利感と達成感があるのだ。

ここ数年、左翼リベラルの業界化という問題を強く考えてしまう。昔は、これほど業界ヒエラルヒー的な実体はなかった。こんなに空虚な世界ではなかった。知識人がいた。知識人の青垣山脈が十重二十重にあり、高い峰々がはるか遠方にまで連なり、どの知識人も光る個性と重い言葉を持っていた。分厚い文化性と思想性があった。共鳴を呼び覚まさせずにはおかない知識人の精神の鼓動があった。今、日比谷の野音集会に登壇する業界ヒエラルヒーの定番メンバーは、何とも貧相で言葉が軽い。仕切る顔ぶれはいつも同じで、佐高信、落合恵子、坂本龍一、香山リカ、雨宮処凛、神田香織とかが出てくる。その退屈で軽薄で無内容な挨拶を、70歳代のおばちゃんたちが嬉しそうに拍手して歓呼している。常連の絵。今の左翼リベラル業界の堕落は、まさに、最近、辺見庸が『週刊金曜日』の社長を批判していた事件の中にある。左翼リベラルの業界と市場。その資本主義の原資は、70歳以上の退職した教員とか公務員たちの（日教組・自治労）、今のこの国では相対的に安定した部類の高齢者の経済生活にある。左の高齢者たちは、この30年間、他の日本人が右に転向した中で転向しなかった立派な人々で、平和と民主主義の運動を何とか若い人たちに守り繋いでもらいたいとする動機の人たちである。そのため、登壇する者たちがどれほど粗悪で、過去の知識人と較べて見る影のない軽量の者たちでも、政治のフレーズに間違いがなければそれでいい。容認できるのだ。彼らは、消費する商品を業界から提供されている。

軽量化は、遂におばちゃんたちの孫の年齢にまで達し、木偶人形のＳＥＡＬＤｓが神輿として登場するに至った。孫をかわいがるように、ペットを愛玩するように、高齢者たちはＳＥＡＬＤｓをかわいがっている。理念的なもの、倫理的なもの、精神的なもの、理論的なものが失われ、崩れ、左翼リベラルの世界も、もっぱら立場と感情と消費だけの、金銭欲得のビジネスの論理が支配するようになった。『週刊金曜日』としばき隊カンパニーは左の電通のようでもあり、芸能プロダクションのようでもある。ＳＥＡＬＤｓは「ＲｅＤＥＭＯＳ」を立ち上げて、ＳＥＡＬＤｓのブランドでカネが回る仕組みを整えた。シンクタンクを作るなど、夏の法案阻止運動の頃は言ってなかったことだ。本当なら、卒業して社会の荒波に揉まれるところを、また、学生が政治運動してマスコミに出張ったツケ（責任）を払わされるところを、巧く回避するビジネスシステムを作って逃げた。最初から考えていたのだろうか。あざとい。思えば、湯浅誠が同じだった。若い期待の星として登場し、マスコミと論壇で神様の存在となり、そして、人を騙して自分だけが出世して逃げた。われわれはババを摑まされた。「反貧困ネットワーク」が消え、今はＳＥＡＬＤｓ（しばき隊）の大ブーム。私にはどちらも同じに見える。これが政治の世界の当然で、騙された方が悪いのだろうか。人を騙すのが政治だろうか。あざとすぎる。

悔しかったらおまえも路上に出て人を騙してみろと言い、人を騙すこともできない奴が人の足を引っ張るなと、しばき隊は私を挑発するのだけれど。

（15年12月23日）

12 安保法制容認に傾く世論
――抗っても効を奏さない国民の疲労と諦念

先週（3／29）、安保法制が施行された。週末（4／3）の『サンデーモーニング』で取り上げるかと思ったが、話題にならず、「風をよむ」のテーマにもならなかった。今、政治の現場では民進党と共産党が手を組み、安倍与党の一強支配体制を崩そうと挑んでいる。その「野党共闘」の一致点とスローガンが安保法制廃止であり、そして、民意を問う選挙が北海道5区で3週間後に控えている。補選という局所の舞台ではあるけれど、大きな政治戦が行われていて、その争点は安保法制の是非だ。意義の大きさは誰もが了解している。4月の政治の焦点は北海道5区補選で、ここで「野党共闘」の成否が問われ、安保法制への民意が示され、7月の参院選（同日選）の行方が決まる。そのことを強調してきたのは、他ならぬ岸井成格だった。その本人が仕切る週末の番組で、どうして安保法施行について報道と議論をしないのだろう。世論を喚起するジャーナリズムを試みないのだろう。不思議で仕方がない。この日の三つのトピックスは、核セキュリティサミット、アベノミクス、

郵便はがき

おそれいりますが
52円切手をお貼り
ください。

663-8178

(受取人)
兵庫県西宮市甲子園八番町二ー一
ヨシダビル301号

株式会社
鹿砦社
関西編集室　行

◎**読者の皆様へ**

ご購読ありがとうございます。誠にお手数ですが裏面の各欄にご記入の上、ご投函ください。
今後の小社出版物のために活用させていただきます。

読者カード

お名前《ふりがな》	男・女　　　年生れ
ご住所 〒　　　☎	
ご職業 （学校名）	所属のサークル・団体名
ご購入図書名	SEALDsの真実 ——SEALDsとしばき隊の分析と解剖
ご購読の新聞・雑誌名（いくつでも）	本書を何でお知りになりましたか。 イ　店頭で ロ　友人知人の推薦 ハ　広告を見て（　　　　） ニ　書評・紹介記事を見て（　　　　） ホ　その他（　　　　）
本書をお求めになった地区	書店名

本書についてのご感想、今後出版をご希望のジャンル、
著者、企画などがございましたらお書きください。

ヘイトスピーチ。「風をよむ」のコーナーは、ネットの匿名の書き込みがどうのの無意味な雑談だった。番組スタッフと関口宏が、安保法施行について小さく受け止めていることが意外に感じられた。

安保法に反対してきた者たちは、これを戦争法と呼んで危険性を警告してきた。関口宏や岸井成格も、その立場に与する論者であったはずで、安保法が戦争法である真相と内実を理解している報道人であるはずだ。実際に、『報ステ』で紹介していたとおり、法案が成立した9月以降、自衛隊の訓練内容は大きく変わり、戦場での銃撃戦で死者が出た場合を想定した訓練が新しく入るようになった。安保法は自衛隊が海外で戦争するための法律であり、新しい日米ガイドラインに沿って整備された国内法の体系だ。本来、安保法に反対してきたマスコミ人は、法施行の機会に、あらためて安保法とは何かを国民に正しく説明するべきだった。柳澤協二の解説を出すべきだった。宮崎駿や山田洋次や美輪明宏を出すべきだった。彼らの言葉と共に、この歴史的に重い節目を通過するべきだった。だが、テレビ報道はそれをせず、国会前のＳＥＡＬＤｓのデモを映し、この一団が安保法に反対する動きの象徴であるかのように演出した。宮崎駿や渡辺謙や赤川次郎ではなく、ＳＥＡＬＤｓに安保法反対の国民の声を代表させた。テレ朝も、ＴＢＳも、ＮＨＫも。そのマスコミ報道によって、本来、国民の多数であるはずの安保法反対の声は、とても卑小で異端的な表象に化けた。

そのＴＢＳから、本日（４／４）、安保法施行後すぐの世論調査が出た。安保法を廃止すべきかどうかを尋ねていて、結果は「廃止するべき」が34％、「廃止するべきでない」が45％となっている。この数字は、3月29日に発表された日経の世論調査とほとんど同じだ。昨年中のマスコミの世論調査では、安保法への反対が賛成を大きく上回っていて、例えば同じTBSの11月の世論調査を見てみると、安保法の成立を評価するかという質問に対して、「評価する」が38％、「評価しない」が51％という比率になっている。さらに7月の世論調査では、安保法制について、「賛成」が29％、「反対」が59％とダブルスコアで反対が上回っていた。次第に賛成派や容認派が増えてゆき、反対派が減っていった推移がわかる。この国民世論の変化について、私は独自の分析視角で理由を捉えていて、一つは、国会で野党が本気で反対していない現実を国民が見抜いたからと、もう一つは、SEALDsという胡散臭い集団に安保法反対の表象が集約され、矮小な政治シンボルで代表されたからだと試論を立てている。7月中旬以降、宮崎駿や憲法学者はテレビから消え、安保法反対の声は説得力と訴求力を失っていった。その代わりに、貧相な学生が国会前で「なんだあ」と騒ぐ絵ばかりが流されることとなった。SEALDsは、安保法反対の立場を普遍化せず、逆に異端化する役割を果たした。

私はずっと、国民はSEALDsを支持していないのだと言い続けてきた。マスコミが持て囃して押し出すあの「若者」たちを、声なき国民多数は信用していないし期待していない。SEALDsが国民的アイドルのようなイメージで跳梁しているのは、マスコミが演出している虚像であって、国民は実際にはＳＥＡＬＤｓには共鳴しておらず、むしろ正体を不審の目で見ている。もしも、７月以降も憲法学者がテレビに張り付いたままで、宮崎駿や渡辺謙がマスコミ論壇に登場し続け、国会前のＳＥＡＬＤｓがテレビの主役にならなければ、事態は別の方向に動いていただろう。結論を言えば、国民は諦めの気持ちになったのだ。本気で安保法を阻止しようとする野党もいない。本気で安保法に反対するマスコミもない。どれもこれも、狡猾な党利党略ばかりであり、自分たちが売り出して儲ける政治ビジネスばかりであり、国会とマスコミに国民を代弁する存在がない。反対しても反対しても、悪法と悪政は次から次へと通ってしまう。選挙は何度やっても安倍晋三が勝ち続け、ずっと前から国民に見放されている既存野党は負け続ける。秘密保護法も通った。集団的自衛権の行使容認も通った。安保法も通った。左系マスコミは安倍晋三の前に白旗を揚げ続け、中国叩きと北朝鮮叩きでテレビの場面を埋め続ける。国民は途方に暮れてしまったのだ。

ネットの中に、少し古い情報だが、２０１４年夏の集団的自衛権の解釈改憲のときに国会前の反対デモに参加した現役官僚の証言が載っている。「うちの上層部はもう、戦争を覚悟しており、その方向へ進もうとしている」。「間違いなく戦争になる。省内を見ても、他省を見ても、自分のように懸念している人間はたくさんいる。でも、上の方は戦争の方向へ進む気でいる」。発言の端々から窺うと、このキャリア官僚は経産省の職員だと推察できる。２０１４年夏の時点で、霞ヶ関の中はこうだったのだ。この人物も、他の多くの国民と同じく、昨夏は固唾をのんで政治戦を見守り、ときにはデモに出るなどして、何とか安保法案が成立することなく廃案になるように願っていただろう。この官僚は、今はどういう気分だろう。戦争を止めることはもうできないと、そう確信しているのではないか。戦争を止めるためには、少なくとも今年7月に予定されている参院選（同日選）で安倍与党が敗北しなくてはいけない。だが、マスコミの世論調査を見るかぎり、惨敗必至なのは民進党の方で、安倍与党の圧勝が確実視されている状況にある。国民は、民進党の言う「安保法制の廃止」と「立憲主義を守る」の標語を信用していない。何となれば、ほんの1年前の民主党は、「立憲主義」などという言葉は言ってなかったからだ。国民には流行語のつまみ食いに聞こえる。

それからまた、野党5党が安保法制廃止法案を提出した2月19日の前日、すなわち2月18日、長島昭久ら民主と維新の2党が提出した安保法制の対案には、自衛隊の駆けつけ警護が明記されており、さらには豪州軍への後方支援の解禁も明記されていて、改定された日米ガイドラインに即した法体系整備になっている。自公と同じだ。駆けつけ警護など、明確な憲法9条違反であり、これを自衛隊の任務として法制化するのなら憲法を変える必要がある。立憲主義からすれば、9条を蹂躙する違憲立法であって論外の暴挙だ。ところが、共産党も、「市民連合」も、『週刊金曜日』の読者である左翼リベラルも、この民進党の安保対案を不問に付し、一言も批判しようとせず、「安保法廃止」の同志として肩を抱き合う態度に徹している。恐るべき欺瞞ではないか。サイレントマジョリティの一般国民は、こうした欺瞞を見て、「野党共闘」を信用しないのであり、左翼政治に騙されて操られ後悔する愚を避け、そこから距離を置いた位置で途方に暮れて諦観しているのだ。安保法制廃止を願って「野党共闘」を支持した挙げ句が、結局、駆けつけ警護の対案（民進党）の実現に回収されるからである。国民の多くは、腹の中で、もう戦争は不可避だと思っていて、この流れを変えることはできないと観念している。その一人一人が吐く溜息が空気となり、安保法制を容認する世論の静かな多数化となっているのに違いない。

抗っても抗っても、安倍晋三の戦争政策を止められない。抗えば抗うほど、弱い国民に寄生して永田町に生息しようとする政治プロの党利党略に利用され、また、巧妙に「リベラル」とか「市民」のイメージを装いつつ、出世と金儲けを目論んで立ち回る穢らわしい政治屋の一団に利用される。国民は、抗う気力を失いつつある。

（16年4月5日）

第２章

SEALDs裏の防衛隊＝しばき隊とは何か

しばき隊No.１野間易通

1　「闇のあざらし隊」が掘った「ネット私刑」の墓穴
――個人情報晒されたしばき隊員

いわゆる「ぱよぱよちーん」の事件が起きて1週間が経った。極右イラストレーターの「はすみとしこ」のFacebookのページに、「いいね！」を押したり、コメントした者たちの氏名や住所や出身校や勤務先を、「闇のあざらし隊」を名乗るしばき隊員の久保田某がリストにし、個人情報晒しの行為に及んで騒動が広がった事件である。

現在、この男のアカウントは非公開状態だが、11月1日に「『はすみしばき』プロジェクト、密かに進行中。320人以上のものが名前と共にまもなく公開されます」と予告がされ、同日、「337人の名前、プロフィール、URL、居住地、出身校、勤務先のリストが公開されました」と言って、そのリストの一部を公開した。すぐにネットで騒動となり、右翼が、千葉麗子と男との過去の悶着の情報を見つけ、「闇のあざらし隊」が都内で外資系セキュリティソフト会社に勤める男だと判明、右翼が強力にネットを掘り返して男の個人情報を洗い出し、住所、電話番号、学歴、職歴、家族構成、過去の政治活動、等々、あらゆる個人情報が晒される狂乱の顚末となった。すべて、男が自ら過去にネットに書き込んだ情報が元になっている。それが11月3日の出来事で、さらに、Facebookの不正使用ではないかという告発が本社幹部の Twitter に直接入り、休日明けから日本文社で調査となり、11月６日には男の退職を会社が発表するという事態へと進んだ。

ネット時代らしく、息つく間もなく、あれよあれよと事件が進行し、２ch でスレが疾風怒濤の勢いで乱立され、週末まで爆発的な進行で暴力と狂躁が拡大して行った。今週に入ってからは一息ついた状態だが、まだ熱が収まっておらず、嵐の前の静けさという雰囲気がしないでもない。週刊誌（文春・新潮）が記事にすれば、すぐにフジ・日テレがネタとして飛びつくだろう。この事件には、千葉麗子とろくでなし子という、ある種スキャンダラスな属性と魅力を持った、すなわち大衆の低俗な興味を集めやすいキャラクターの存在があり、ワイドショーで視聴率にしやすい要素がある。テリー伊藤とか佐々木俊尚とかビートたけしが騒ぐには格好の話題で、テレビ関係者は、千葉麗子に「ぱよぱよちーん」と言わせる絵を撮り、スタジオの痴呆コメンテーターに「ギャハハ」と爆笑させ、茶の間のお笑いフレーズにしてブームを演出するという欲望に疼いているだろう。「闇のあざらし隊」を名乗る久保田某も、この男と一緒に「『はすみしばき』プロジェクト」を計画実行したところの、しばき隊の同志である某組合管理職の石野雅之も、１週間前にはこのような劇的な展開になり、自らが深く傷つく結末になるとは想像もしなかっただろう。傍から客観的に見れば、これは個人情報晒しの嫌がらせを仕掛けた二人のしばき隊員が、逆に個人情報を晒されて返り討ちに遭い、大火傷をしたという皮肉な物語である。

しばき隊は、ネットに公開されている個人情報は纏めて晒し行為に使っても問題ないとする立場であり、違法性はないからどんどんやれと積極的に扇動してきた。敵と見なした者の個人情報を晒し、徒党で拡散する嫌がらせを執拗に繰り返し、相手を怯ませたり脅したりする手法をこれまで幾度となく実践してきた。今回のように、しばき隊がレイシストやネトウヨと認定した右翼系の一般市民が標的になる場合もあれば、しばき隊に近い左翼リベラルの位置にありながら、しばき隊と意見が合わなかったり、しばき隊を批判して逆鱗に触れた者が制裁の対象になる事例もある。目撃証言を言えば、後者のケースの方がより陰惨で執拗で異常なほど嗜虐的ではあった。

ともかく、個人情報を晒すという方法を駆使した卑劣な脅しと嫌がらせの暴力行為が、しばき隊が最も得意として頻用してきた政治手法であり常套手段である事実は、政治的立場の左右を問わず、ネットを観察し言論をしている者には説明不要の常識の範疇だろう。これまで、このテロリズム（政治暴力）の手法で多くの実績と成果を上げ、しばき隊は日本の政治の中で一勢力を築き上げてきたから、「闇のあざらし隊」なる久保田某も、相棒の石野雅之も、プロジェクトの立案と実行を躊躇うことなく、今回も大いなる成功を収めるものと作戦の破壊力に酔い知れていたのに違いない。豈図らんや、個人情報晒しで逆襲され撃沈したのは彼らだった。

ネットに公開されている個人情報をこうした「ネット私刑」に利用することが、法的に合法なのか違法なのか、弁護士の判断も一様でなく分かれている。しばき隊の主張を見ると、個人情報保護法は業者を規制するものであって、自分たちのような個人は無関係で、公開情報を集めて晒すことは違法ではないという論法を立てて、「ネット私刑」の行為を正当化している。しばき隊の顧問弁護士の神原元や、しばき隊を擁護する小倉秀夫も、こうした法理でしばき隊の行動を合法として後ろ盾してきた。が、これとは反対の見解も多くあり、個人情報晒しは違法だと指摘している弁護士の説明もある。１９９６年に神戸地裁が出した判決では、公開した個人情報をネットの掲示板に掲載したことを、民法上の不法行為として損害賠償を命じている。

今回の事件は、しばき隊側が、はすみとしこの民族差別思想に賛同する右翼系一般市民を制裁する目的で、Facebookから彼らの個人情報を抽出してリストを作成している。それを公開して「ネット私刑」の威嚇に及ぼうとしたところ、逆に対抗する無数の草の根右翼からしばき隊員への「ネット私刑」の報復が始まり、猛攻撃にたまりかねてリスト公開の撤回に至った。同時にTwitterも非公開にして逃亡、会社退職にまで追い込まれ、弁護士の保護下に入って逼塞の身という始末になっている。しばき隊は、屡々、彼らの政治行動を「カウンター」と呼ぶが、まさに右翼のクロスカウンターが炸裂してKOされた図だ。

二人の受けた被害は深刻だ。特にセキュリティソフト会社の社員だった方は、収入を失い、家族にも迷惑をかけ、過酷な逆制裁の苦痛を受ける羽目となっている。ネットの個人情報晒しがもたらすリスクの恐ろしさは、一夜でこういう地獄に突き落とされる衝撃であり、自分だけでなく家族の生活や将来まで破壊される不安に怯えなくてはいけないことだ。「はすみリスト」のプロジェクトを敢行した当人は、まさかここまでの破滅に直面するとは想像もしていなかっただろう。

事件を起こして被害者となった男の残りの人生は20年ほど。20年なんてあっと言う間だ。20年前は1995年の村山談話の年で、その翌年に司馬遼太郎と丸山真男が死んだけれど、そこから今まで時間の何と短かったことだろう。最近、1週間が特に早く過ぎる。あっと言う間に日曜の『サンデーモーニング』のテレビの前に座っている。世間の人々が事件を忘れるスピードも速いだろうけれど、ネットの中の証拠や痕跡の全てが消える前に、きっと男の人生が終わってしまう。

しばき隊や弁護士がこの男を救助できず、何もできないまま黙って放置したのは、彼ら自身が「ネット私刑」の手法を正当化し、正攻法の戦法と位置づけ、これで政敵を叩き潰し、邪魔者を駆除し、批判者を黙らせ、この無敵の暴力装置を彼らが奉じてきたからだ。自分たちのお家芸を自分たちの仲間に目の前で凄絶に切り返され、しばき隊の幹部と仲間たちは無言で知らんぷりするしかなかった。

私は法律の専門家ではないが、そろそろ、この「ネット私刑」、すなわち悪意による（一般市民の）個人情報晒しの行為を禁止または規制しなくてはいけないと思う。そのことを正面から問題提起したい。右翼であれ、左翼であれ、イデオロギーの関係なしに、一律に禁じ、その行為の正当化を許さず、市民社会に脅威を与える有害無益な愚行だと断定する必要がある。「ネット私刑」を禁止・規制する法的な論理構造を固め、一般論化して社会常識にして普及させせないといけない。

まず、日弁連でWGを作って議論をし、結論と論理を固めて、異論を潰し、ペーパーを纏めて提示し、それを弁護士会で研修させて各弁護士に周知徹底させる必要があるだろう。いろんな考え方があるとか、違法合法はケースバイケースだとか、言論の自由だとか言うのではなく、悪意害意の動機での（一般市民の）個人情報晒しは不当で厳禁だと、法曹家が口を揃えて警告し説明する環境作りが必要だ。そうでないと、今回のしばき隊の男のような犠牲者がさらに出る。暴力の応酬になる。ホッブズの「自然状態」になる。ネット社会で生きている市民に言論の自由がなくなる。暴力の恐怖に怯えて、羊のようなSNS利用者になることを強制され、身を守るためにしばき隊のような私的権力集団に入隊しないといけなくなる。しばき隊のシンパにならなくてはいけなくなる。入隊しても、何かのはずみで幹部に逆らったり、頭目の機嫌をそこねる発言をしたら、オウム真理教のような粛清と制裁を受ける。

ネット空間での言論生活が長くなれば、必然的に個人情報は漏れるのであり、どれほど注意深く慎重にしていても、何かの契機や経路でそれは電子テキストとして記録が残ってしまい、検索で第三者に手繰り寄せられる文字データになってしまう。本人の責任でない「公開個人情報」も数多くある。

一方で、ネットでの言論は実名でやれ、匿名でやるなと言いながら、その一方で、ネットにはなるべく個人情報を出すな、出して被害を受ければそれは自己責任だと言うのは、あまりにも矛盾した言い分だろう。弁護士や大学教授には、身分を保障された特権と地位がある。一般市民にはそれはない。そして、守るべき家族がある。「ネット私刑」は禁止だと、一律にそうすべきだ。神原元にこの主張に同意することを求める。（15年11月10日）

2　立憲主義としばき隊の政治暴力の正義論
――神原元への懲戒請求の「付議」

長谷部恭男の岩波新書『憲法とは何か』の冒頭にこう書いてある。

「本書は、憲法が立憲主義にもとづくものであることを常に意識し続けなければならないという立場をとっています。（略）この世には、人の生き方や世界の意味について、根底的に異なる価値観を抱いている人々がいることを認め、そして、それにもかかわらず、社会生活の便宜とコストを公平に分かち合う基本的な枠組みを構築することで、個人の自由な生き方と、社会全体の利益に向けた理性的な審議と決定のプロセスとを表現することを目指す立場です。（略）なぜ、立憲主義にこだわることが必要かといえば、根底的に異なる価値観が裸のままでぶつかり合ったとき、平和な社会生活や国際関係はきわめて困難となるからです」（Ｐⅲ）。

この立憲主義のイントロの説明は、今年の６月以降、長谷部恭男だけでなく小林節によっても会見や集会の場で諄々と語られてきた。いろんな考え方を持った人が世の中に生きていて、そして皆が不完全であるから、それぞれが認められ、人として権利を全うできるようにするのが立憲主義なのだと、小林節がその意義と要諦を噛んで含めて説いていた。説得力のある言葉として耳に入ったことを覚えている。今、しばき隊の「はすみリスト」の事件を前にしたとき、われわれが思い出すべきは、この立憲主義の原理と精神だろう。

今年の最大のキーワードは「立憲主義」だった。結論から言って、しばき隊の思想と行動は立憲主義とは相容れないもので、根本から矛盾し対立するものだ。立憲主義が否定し超克しようとする地平に、しばき隊の狭隘なイデオロギーと正義がある。そう言えるだろう。しばき隊は、常に自分たちを絶対的な正義とし、自らと対立する勢力や批判する者を公共敵と断定し、ある者はレイシストと、ある者はネトウヨと、ある者はヘサヨと呼び、それらを暴力的に殲滅することを扇動し実践してきた。今回の「はすみリスト」の件が典型的だが、彼らの思考と論法によれば、はすみとしこの Facebook に積極反応して「いいね！」クリックをした者は、社会的に許されないレイシストであり、制裁を受けて当然の屑で、個人情報晒しの処刑を受けるのが当然だという規定になる。

そうした認識と前提の下で、「闇のあざらし隊」を名乗る男が Facebook から個人情報を抽出してリストを作成し、挑発と威嚇の言動とともにそれを公開して拡散する凶行に出た。公開された被害者たちは確かに右翼が多かったことは間違いないが、いわゆる草の根右翼の範疇であって、政治家でも官僚でも弁護士でも大学教授でも新聞記者でもなく、特権身分の者ではない。個人情報晒しの制裁行為が、この対象なら多少とも許されると世間的に通念される権力者や芸能人ではなく、憲法で権利が保護される一般市民だ。

事件が起きて1週間以上経ったが、しばき隊は相変わらず自分たちの行為を肯定したままでいる。ネットに公開された個人情報は晒しても問題ないと開き直っていて、レイシズムの可視化だと堂々と正当化を続けている。レイシズムに対抗して打倒するには、こうした果敢な行動こそが適切で効果的だという自らの大義の宣揚に余念がなく、しばき隊内部の結束と団結を強めている。

その一方で、問題の「はすみリスト」は公開を取り下げたまま、騒動が表面化して以降は非公開となった。本来、そこまで自らの正義を言い、今回のプロジェクトの正当性と合法性に絶対的な自信があるのなら、「はすみリスト」を再公開して正面から世に問う行動に出ればいいのだが、彼らはそれをせず、現実には右翼を相手に敗北し撤退した惨めな状況となっている。「はすみしばきプロジェクト」は挫折した。客観的に見て、明らかに当該プロジェクトは無差別な政治暴力の行使であり、彼らがレイシストと決めつけた一般市民への人権侵害行為に他ならない。それが人権侵害でないと言うのなら、久保田某や石野雅之がこの1週間に受けた被害も人権侵害ではなく、右翼による怒濤の個人情報晒しの暴力も合法で正当だということになる。石野雅之は、リストの個々に脅迫文書まで送りつける手口を示唆していて、こうした卑劣な人権侵害が、彼ら自身に逆にはね返ったのが今回の事件の顛末だった。

11月６日は、事件が発生して４日目で、右翼による猛烈な逆襲でしばき隊２名が炎上していた時期だが、そのとき、神原元が「はすみしばきプロジェクト」を支持するツイートを発し、タグ付けして賛同を呼びかける行動に出た。弁護士の神原元がプロジェクトの支持を表明したため、瞬く間に多くの賛同者が集まる推移となる。神原元はずっとしばき隊と行動を共にしている顧問弁護士だ。同じ11月６日には、「断固として法的措置をとる」と断言、２名のしばき隊員に「ネット私刑」を加えた２ch右翼に対する報復も宣告した。しばき隊があくまで自分たちの行動を正当化し、先に手を出した非を認めようとしないのは、そして、自分たちの「ネット私刑」は正義の行動だと言い、右翼の「ネット私刑」は悪質な犯罪だと開き直るのは、こうした弁護士・神原元の後ろ盾があるからである。

そして、現在、この「はすみリスト」事件をめぐるネットの関心は、次第に同じ弁護士である高島章と神原元の間での対決へと焦点が移りつつある。11月９日に、高島章から衝撃の暴露があり、神原元が出版社・青林堂から懲戒請求を受け、10月27日に綱紀委員会を経て懲罰委員会に「付議」されたという報告が出た。懲罰請求の理由は、神原元による「数々の誹謗中傷」だと言う。この事実は重大で、今回の「はすみリスト事件」の今後の展開にも影響を与えることだろう。神原元が右翼出版社である青林堂から所属する横浜弁護士会に懲戒請求されたという情報は、ネット右翼の間で噂として回覧されていた。

今年（2015年）2月に懲戒請求があったという話で、真偽不明だったが、高島章が事件番号の証拠まで付して公表したため、それが事実であることが確定した。しかも、2月の請求を受けてから延々半年以上も審査して、「付議」の結論を綱紀委が出したということは重大で、おそらく、素人のわれわれ以上に全国の弁護士会を驚愕させたニュースだろう。高島章も言っているとおり、通常、こんな請求は門前払いで却下されてしまう。青林堂は極右出版社であり、実際にトラブルの相手となったのも札付きの極右の人物だ。つまり、簡単に言えば極右からの難癖、言いがかりの懲戒請求であり、懲戒請求の制度を悪用した政治目的の嫌がらせに他ならない。

懲戒制度の存在が橋下徹によって宣伝され、世間に周知されて以降、おそらくこうした不埒な悪用例は枚挙にいとまがないはずだ。綱紀委も懲戒委も、審査をするのは弁護士である。その綱紀委員会で、請求を即座に却下することなく、時間をかけて審査に及んだ上で「付議」の決定を出したということは、審査した弁護士たちの客観的な検証でも、神原元の「誹謗中傷」が相当に激越であり、相手が極右だから門前払いで処理しようという収拾策が簡単にとれなかったことを意味する。弁護士法と弁護士倫理に照らして、少なからず問題ありという判断となったということだ。この事実とその公開は、神原元の面目を失わせる羞恥の事態だったに違いない。

たとえ最終的に「懲戒」の決定がされなくても、「付議」だけでもペナルティの効果は十分にある。綱紀委の判断が示しているのは、横浜弁護士会から見て、神原元の行動が過激な「正義の暴走」だと認識がされたということである。弁護士に本来求められる理性と良識を逸脱した、看過できない偏向と独善が認められると、そういう審決が（一次的に）下されたということだ。この件を問題なしとして放免することが、弁護士会全体の今後に悪影響をもたらすと、そう熟考された上での判定である。おそらく、懲戒委でシロの処分になっても、「付議」の実績はイエローカードの警告として残り、次はレッドカードですよという執行猶予的な意味の縛りになるに違いない。

今回の「はすみしばきプロジェクト」の行動を、正義の義挙だとして認める者はこの国に少数だろう。レイシストにも人権がある。ネトウヨにも人権がある。憲法によって守られている。それを認めず、私的暴力の集団制裁（＝ネット私刑）を正義の原理主義で容認してしまったら、わが国は立憲主義の国ではなくなり、憲法は紙切れになってしまう。弁護士は憲法を守らなくてはならず、どれほど政治的に対立する相手であっても、その者の人権を守る立場にある。他の者ならいざ知らず、弁護士がそうした一方的な正義論に与し、卑劣な政治暴力を合理化することは許されないことだ。長谷部恭男が書いているとおり、多様な価値観を認め合おうという考え方が、90年代以降のこの国のコンセンサスだった。

神原元としばき隊の政治行動と正義論は、そのコンセンサスを破壊しようとするものである。しばき隊は、相手と対話しようとしない。議論で説得しようとせず、相手から合意や納得を得ようとしない。挑発と喧嘩だけだ。自己の正義を振りかざし、敵対者を頭から無価値なゴミクズと決めつけ、暴力を振りかざして排除しようとするだけで、支配し服従させようとするだけだ。長谷部恭男の岩波新書『憲法とは何か』の冒頭には、ニーチェの次の言葉が扉に掲げられている。「怪物と戦う者は、そのため自身が怪物とならぬよう気をつけるべきである」。神原元に自戒を促したい。

（15年11月12日）

3　暴力とテロリズム
――しばき隊の暴力主義と自縄自縛の「ネット私刑」

昨日（11／15）、パリのテロ事件が特集されたＴＢＳ『サンデーモーニング』で、中東調査会の高岡豊が次のようにコメントする一幕があった。

「テロリズム、すなわち暴力を使って自分たちの政治的要求を通す、あるいは自分たちの主義主張の正しさを世の中に広める、こういう行動様式が一定の効果を持つ現実があり、また、暴力によってでしか政治的要求を通すことのできない人たちがいるからこういう事件が起こる。だから、現場での対処や反撃だけでなく、こういうテロリズムの論理が通用しない社会を作っていくことが大事だ」。

傍で美貌の田中優子がうんうんと頷いていた。きわめて一般論の話だけれども、説得力のある言葉として耳に残った。番組では何度も高岡豊に解説が振られる場面があったが、その度に高岡豊は繰り返しテロリズムの定義を述べて批判を強調した。

おそらく、この番組は、多くのしばき隊の隊員と関係者が見ている。「はすみしばき事件」の当事者である「闇のあざらし隊」を名乗る男も見ていただろう。彼らはこの高岡豊の言葉を聞いて何を思ったのだろうか。私は、まさに、このテロリズム批判が眼前の事件について語られた最も本質的な総括のように思われてならなかった。「暴力を使って自分たちの政治的要求を通す、あるいは自分たちの主義主張の正義を広める」。しばき隊と神原元の思想と行動は、まさにテロリズムに他ならない。

週末、11月14日（土）の朝、パリでのテロ事件の一報が出ていた頃だが、ちょうどそのとき、しばき隊の№２である42歳の男が、Twitter で会社を辞めることになったと告げていたのを発見した。本人が書き込んだ直後のことだったが、驚いて、私の頭の中はパリの事件どころではなくなった。匿名で活動していたこの男に対して、２ch右翼による個人情報晒しの攻撃が始まったのは11月12日（木）のことだった。「はすみしばきプロジェクト」の当事者である「闇のあざらし隊」と石野雅之に対する「ネット私刑」が一区切りついたので、2ch右翼が新たな標的を№2に据え、苛烈な個人情報晒しに及び、家族の情報を晒し、会社の情報を晒し、次々と嫌がらせをして嗜虐する行動に出ていた。

№2の男は、しばき隊のメンバーの中でフォロワー数が最も多く、しばき隊の中で最も人気がある。しばき隊の制作物のデザイン担当であり、Twitterでの扇動が得意で、その方面で余人にない才能を持っている。最近流行の言葉で言えば、発信力があった。「きっこ」と同じ資質だ。しばき隊の№3以下の「Twitter はどれも同じ金太郎飴で、全くと言っていいほど個性がなく見分けがつかない。№1による陰湿で突発的な粛清暴力を恐れ、№1に上目遣いでペコペコと媚びへつらい、忠誠競争を演じ、そして敵視する外部に対しては過激に戦闘的で、まるで上九一色村の白いサマナ服を着たオウム真理教の信者集団を思わせる。この集団が、「闇のあざらし隊」による今回の事件行動を支持するタグで一致団結していた。

「はすみしばきプロジェクト」の騒動が起きたときから、№2のこの男は仲間がやったことに同調したり、正当性を強調して扇動したりすることなく、距離を置いて冷ややかに見守る態度だった。しばき隊の同志たちとしては、ここがレイシストとの闘争の正念場ということで、№2にも戦闘に参加せよという注文と催促が入っていたに違いないが、意外なことにそうした発言を Twitter で表明せず、消極的に、もしくは優柔不断に、そして内心では葛藤を覚えながら無視を決め込んでいた。

おそらく、一般市民に対する無差別な個人情報晒しの「ネット私刑」に対して、「レイシスト殲滅作戦」という大義を立てた行動であっても、それを積極肯定することができなかったのだろう。皮肉なことに、組織の中でこの暴力（テロ）に最も自制的であった最高幹部が、右翼の毒牙によって命取りの制裁を受ける羽目になった。No.2への攻撃が始まってわずか2日目、本人が会社に退職を申し出、社長に受理され、その旨を自身のTwitterで報告している。つまり、逃げ切れないと、そして会社に迷惑が及ぶと即断して、素早く出処進退を決めたのだ。40名の小さな会社で、42歳の本人は15年前の創業時からの生え抜きメンバーで、まさに会社の柱になって活躍していた。ネット時代だから、その業績を確かめることができる。私は、11月12日に右翼の攻撃が始まったときから、こういう最悪の結果になるのではないかと焦躁して見ていた。

会社に居残れば迷惑が及ぶのだ。右翼が嫌がらせを仕掛け、小さな会社を痛めつけ、小突き回し、リアクションを2chに書き込み、なぶるようにリンチして嗜虐を愉悦するのである。小さな企業は立場が弱い。顧客がいる。得意先がある。銀行がある。リスクをガードする態勢が弱く、大企業のようにトラブルを回避収束させることが容易でない。経営者が理不尽な対応に追われ、本来の事業以外で神経をすり減らさないといけなくなる。本人も仕事しづらくなるだろう。

それにしても、この時代、この東京で、27歳のときから15年間ずっと働いてきて実績を築き上げてきた会社を、こうした不本意な形で去らなくてはいけないということは、本人にとってどれほど厳しい人生の試練だろう。手に職を持っているとはいえ、仕事でいちばん重要なのは人脈だ。一緒に共同して支え合う仲間こそ最大の宝である。会社の仕事というのはチームワークでやるもので、助け合ってアウトプットを出すものであり、技能職者が単独で機械的に業務処理して成果を出すというものではない。そうした仲間を失うということは、本人にとって断腸の思いだろうし、会社にとってもこの上ない損害だろう。しばき隊が軽率に「はすみしばきプロジェクト」をやっていなければ、このような最悪の事故が本人と会社を襲うことはなかった。本人以上に経営者に同情する。多忙な中、競争が激しい中、事業をリカバーして軌道を戻すことは大変なことだ。

「しばく」という言葉は、関西弁で「殴る・蹴るなどの暴力をふるう」という意味である。「しばき隊」という言葉を標準語に置き換えると、そのまま「暴力団」になる。このネーミングは、決して冗談ではなくて、名は体をあらわすで、この集団の本質をあらわしている。暴力を積極的に使って政治的要求を達成するという集団の目的性が表徴されている。つまり、高岡豊が言うところのテロリズムだ。意図的に、しばき隊は組織結成のときにこの名前を冠し、いわば開き直りの意味をこめて、政敵を暴力で打倒する姿勢を鮮明にした。正義の実現のために暴力を手法とすることを宣言した。

彼らが社会悪とする政敵（レイシスト・ネトウヨ・ヘサヨ）に対して、暴力でもって殲滅するというのがしばき隊の哲学である。暴力の手法は、路上での在特会相手のバトルだけでなく、ネット上でしばき隊を批判する者たちに対する容赦ない誹謗中傷、デマ拡散、罵倒、侮辱、挑発、脅迫、因縁つけ、執拗な嫌がらせに及び、№1の号令一下、手下の隊員たちが一斉に「敵」めがけて飛びつき、休みなくリンチに狂奔するという図が繰り返された。この3年ほど、誰かれ構わず見境なく噛みつき、袋叩きにして血祭りに上げてきた。著名な評論家であれ、権威の大学教授であれ、標的にされた者、抵抗した者は、屈服するまで執念深く徹底的に責め苛まれたため、誰もがしばき隊の暴力を恐れるようになった。タブーになった。誰もしばき隊を批判しないようになり、しばき隊の暴力に慣れて無神経になった。

最近、しばき隊のテロリズムが最も顕著に行われたのが、「はすみしばきプロジェクト」に対して異論を唱えたろくでなし子に対するものである。ろくでなし子を徒党で囲んで痛めつけ、揚げ足を取り、恐怖を与え、苦痛を負わせ、口を塞いで締め上げるのがしばき隊の狙いだったが、強い精神力のろくでなし子は暴力に負けず、逆にリンチを撃退したため、結局、しばき隊の卑劣さだけがネット言論の世界に浮かび上がる始末となった。

（15年11月16日）

4　しばき隊No.2の離脱の衝撃
――木野寿紀による卑劣な脅迫と「法律しばき」

大きな動きがあり、しばき隊のNo.2（bcxxx）が脱退した。No.2はしばき隊の中で最も発信力の大きな男であり、そして人気があり、この組織と運動を担う中枢の屋台骨だった。しばき隊のエバンジェリズムを支えていたのはNo.2で、SEALDs運動もこの男の存在がなければ「成功」していない。しばき隊の活動の場は路上とネットだが、重要なのが日常のネット発信のリズムとコードで、Twitterのメッセージと Re Tweet の情報に人を注目させることである。そのキーとなるポジションをNo.2が担っていた。

しばき隊の周辺で何が起きているか、SEALDsを含むしばき隊の政治がどう動いていて、誰が何を言い、どういう方向に進むのか、この男のアカウントを見ればほぼ全体を掌握することができた。まさに、しばき隊の広報であり、宣伝扇動のキーマンに他ならない。今、ネットの言論空間では衝撃が走っている。しばき隊のシンボルであったこの男は、無名ながら、間違いなくSEALDs運動の原動力で推進力だったたし、この3年ほど、左翼リベラルと共産党の政治に活力を与えてきた最大の功労者だった。左翼の地上の星。今、表面的にはSEALDsの表象で意識されているところの、日本の左翼の若返りと躍動感のイメージは、すべてこの男の制作物のコンセプトと個性的なアジテーションから媒介されたものだ。

右翼が血に飢えた狼のように、２chでこの男の個人情報を晒し始めた緊迫のとき、私はこの男に向けてこういうTweetを発した。もう1週間前になる。

「どっかで頃合を見て、しばき隊から足を洗え。しばき隊に取られていた時間を学問に回せ。革命家になりたいのなら理論を身につける必要がある。理論家にならないといけない。古典を集中的に読んで、歴史と思想史を勉強することだ。40過ぎたら人生の残りは短いぞ。悪いことは言わん。そうしろ」。

上から目線の一方的な説教で恐縮ではあるのだけれど、伝える意思を１４０字で要約して圧縮すると、こういう押しつけの表現と口調になってしまう。物理的に１４０字以上は書けないから。こんなアドバイスを書いて送ったのは、このとき、しばき隊の最高幹部の中で「はすみリスト」問題の対応をめぐって意見が割れていて、№1と№2の対立が起きているのではないかと思ったからだ。自らの個人情報を晒されて熾烈な攻撃を受けながら、また、被害は家族と会社にまで及びながら、なおかつ№1と同じ立場に同調・固執して、組織防衛のために「はすみしばきプロジェクト」を擁護する主張を発信することは、本人にとって無理で耐えられないことだろうと、本人の葛藤を思い、本人にとって一番いい選択はこれだろうと説得と提案を試みたのだった。果たせるかな、それから

5日後、本当にしばき隊を離脱する結末となった。大きな事件だ。

私はこれでよかったと思う。いい決断だった。もしどこかで機会があれば、共産党の「国民連合政府」の裏事情について、その真相を証言して欲しい。№2はしばき隊の最高幹部であり、SEALDs運動を指導する立場だったから、その経緯を知らないということはあるまい。9月19日の強行採決(未明)の日に、どうして突然それが打ち出されたのか。いつからどのように準備され計画されたのか。「国民連合政府」の策略の中心で動いたのは、№3とフェローに違いないけれど、№2がその情報に接していないはずがないし、むしろかなり深く関与していたと推測される。

さて、№2が脱退の決断をしたことで、「はすみしばきプロジェクト」は不当であり錯誤であるということが決定的になった。しばき隊の最高幹部がこの事件の責任をとった形になる。最早、これ以上、しばき隊がこの件で正当性を言い張り、「だいたいの正義」だの何だの、虚勢と独善を貫き続けることは難しい。№2は「ネット私刑」の仕打ちを受け、一言も言挙げせず、会社退職という人生の激痛に甘んじて身を引いた。十分に責任をとった。責任をとらずに逃げているのは、№1の野間易通と№3の木下ちがやと顧問弁護士の神原元である。№2は「はすみリスト」とは無関係で加担も幇助もしなかったのに、彼らは№2に責任を負わせ、「ネット私刑」の屈辱の目に遭わせ、卑怯にも知らん顔をして逃げている。

野間易通と神原元の責任は、単に「はすみリスト」の個人情報晒しによる一般市民への人権侵害に止まらない。何より、しばき隊の組織と運動に与えた打撃が深刻で、身内の者への右翼による残忍な人権侵害を抑止できなかったことが重大だ。当事者である「闇のあざらし隊」と石野雅之が攻撃を受けた時点で、すぐに自分たちの「ネット私刑」の愚を悟り、敗北と失態を自覚し、その正当化をやめるべきだった。素早く自己批判の態度に出て収拾を図っていれば、被害は最小限に止まり、№２と家族の個人情報にまで延焼することはなかっただろう。

また、それ以上に、№２の脱退を招いたことは、しばき隊にとってほとんど組織崩壊の危機に直面したも同然で、隊員やシンパの動揺は大きく、ポーカーフェイスを装っているが呆然自失の状態だろう。№２には人気があり、若い共鳴板を引っ張る力があった。その分、しばき隊の敵からは憎悪が集中するシンボルでもあった。№２の役割と実力を代替できる人間はしばき隊の中にはいない。№１と№２のコンビがあってこそのしばき隊であり、№２を欠いた後は片肺飛行の不安定な運営とならざるを得ず、本業であるマイノリティ事業部に№１が専念し、シールズ事業部やエキタス事業部は№３が直轄して、二つに静かに分裂する方向へと向かうだろう。№３には人望がなく、卑しい俗物の臭気が漂い、とても№２の穴をカバーできるとは思えない。この男には資質がない。

前回の記事を上げる直前、11月15日に木野寿紀という男から不快なTweetがあり、「『世に倦む日日』のツイッター読んでみたが面白い（笑）こいつこそちゃんと住所割って訴状送らんといかんのでは」と脅迫を受けた。しばき隊の隊員で野間易通の直参子分らしい。委細は知らないが、狂信的な私的制裁主義の思想の持ち主らしく、ネットにその事実を証拠づける情報が上がっている。今回の「Tweet は明白な脅迫だ。脅迫とは、「他人に恐怖心を生じさせる目的で害を加えることを通告すること」と定義がある。神原元から内容証明を郵送されることは、誰にとっても恐怖だろう。

しばき隊の場合、このように、少しでも自分たちの気にくわない主張をする人間を見つけたら、即座に直接の脅迫で言論封殺を図ってくる。挨拶がわりにこの行動をとる。萎縮させようとする。こうやって、まず鉄砲玉のチンピラが難癖をつけ、相手が罠に嵌まって応答すれば、待ってましたと誹謗中傷の暴言を乱発、さらに個人情報晒しの嫌がらせに持ち込み、ネットの衆目を集めて騒ぐ。そこへ後続のしばき隊員が次々と襲撃に参加、執拗なリンチで血祭りに上げるというシナリオだ。しばき隊の常套手段。暴力団の手法。要するに相手を脅迫して不愉快にさせ、殴り合いをしようとしているのであり、最初から議論や対話などする気がない。この男とその仲間は、これまで幾度もその手口で武功を上げ、優秀な隊員として野間易通に認められ栄達したのだろう。

飢えた野獣が反射的に獲物に飛びついたような木野寿紀の脅迫 Tweet は、しばき隊の行動パターンを典型的にあらわしており、サンプルとして残し、意味を整理し、よく記憶しておくべき事実材料だろう。「住所割って訴状送らんといかん」という、関西やくざの口調を思わせる文言には、こちらには神原元の法曹権力のバックがあり、プロバイダに請求して個人情報を開示させ、おまえの住所を割り出し、訴状を送りつけることができるぞという法的係争の含意が所在する。それが嫌なら、訴訟を起こされて面倒な思いをしたくないのなら、しばき隊に逆らうのはやめろという威圧と強制がある。いわゆる「法律しばき」である。彼らが得意とする武器であり、ネット言論での凶器であり、しばき隊の暴力装置だ。

ここでは具体的に紹介しないが、現実に、この暴力装置はきわめて有効に機能して、今日のようにしばき隊がネットの言論世界を制圧し、批判者を黙らせ、屈服させ、嫌がらせに泣き寝入りさせる大きな要因になってきた。「法律しばき」で制裁された被害者は、在特会や右翼とは無縁な普通の市民も幾人もいる。私は、今、神原元の懲戒請求を審査している横浜弁護士会に、ぜひこの「法律しばき」の実態と概要を調査してもらい、参考にしてもらいたいと思う。できれば、その是非を判断していただき、被害の再発防止に繋がる対策を願っている。しばき隊の暴力を禁止し、しばき隊の脅迫と威嚇からネット市民社会を解放してもらいたい。

前回、高岡豊が説明したテロリズムの定義を紹介した。「暴力を使って自分たちの政治的要求を通す、あるいは自分たちの主義主張の正しさを世の中に広める行動様式」。しばき隊のテロリズムが認められて横行する空間では、言論の自由はあり得ない。誰もが、尊師たる野間易通の顔色をうかがい、びくびくしながらSNSを利用しなくてはいけない。

彼らが、「ネット私刑」の誤りを自ら認めようとせず、木野寿紀のような私的制裁を神聖化する狂気の徒輩がいる以上、弱い市民としては弁護士会の理性と裁定に頼るしかなく、弁護士会の権力で悪を一掃して正しいルールを敷いてもらうしかないのだ。（15年11月18日）

5　ろくでなし子に対するしばき隊の襲撃と暴行
――人格否定と人権侵害の手口

パリの同時テロ事件があったのに、ずっとしばき隊の問題に注目して記事を書いている。一部に、「世に倦む日日」は右翼と共闘して左翼陣営に打撃を与えているという批判が上がっているが、その見方はあまりにイデオロギー的に偏向した幼稚で皮相な敵味方論への回収というものだろう。前の記事で長谷部恭男による立憲主義の原理論を紹介したけれど、右翼だの左翼だのと言う前に、それぞれの人間には人権があり、それが憲法によって保障されている前提がある。いろいろな価値観や正義を持って生きている人々が、それぞれが不完全ながら、互いを潰し合うことなく、違いを認めて生きる権利を守っていきましょうというのが立憲主義の神髄なのだと小林節も説いていた。

しばき隊の思想と行動は、こうした立憲主義の前提を真っ向から否定するもので、自分たちの価値観をルールとして押しつけ、異論を唱える者は容赦なく殲滅することを積極的に肯定する。社会の常識や規範や法律を超越したところに絶対的正義を措定し、その正義の実現を暴力の行使によって図ろうとする。反対者を私的制裁で粉砕、地上から物理的に消滅させることで、己の正義を普遍的正義として証明しようとする。レーニンのボルシェヴィズムと同じ考え方だ。20世紀に流行して敗北しつつ、21世紀の世界でも跳梁しているテロリズムの思想に他ならない。

ろくでなし子へのしばき隊による襲撃と制裁は、11月5日の夕刻に、ろくでなし子がTwitterで「(、._.)。oO（ぱよちん音頭で　ぱよぱよち〜ん♪ぱよちん音頭で　ぱよぱよち〜ん＝(>.<)＝♪」とつぶやいたところから始まった。ろくでなし子とは、昨年7月に3Dプリンタを使った女性器のアート作品を制作、公然わいせつ物頒布罪で警視庁に逮捕され収監された個性派の美術家である。テレビのワイドショーで話題になった。Twitterのフォロワー数は2万600人に上る。

この11月5日は、まさに「はすみリスト」の事件が大きな騒動になっていたときで、ネットの耳目が集中していた局面だった。リストを公開した隊員2名の個人情報が2chで晒され、「闇のあざらし隊」が千葉麗子にじゃれて言っていた「ぱよぱよちーん」の表現が大爆笑を誘いつつ、2chにスレが勢いよく乱立して狂騒状態となっていた。

このろくでなし子のTwitterをめざとく見つけたしばき隊の者が、すぐにろくでなし子に対して「こいつバカだろ」「本当にクズだな」などと非難を始めたのを皮切りに、しばき隊のリーダーである野間易通がRe Tweetで拡散、自らも「バカ。ゴミめ」と罵倒して、しばき隊によるろくでなし子に対する凄惨で執拗なリンチ攻撃が始まった。11月5日は、「はすみリスト」事件の分水嶺の日で、しばき隊側が右翼の猛攻に焦って反撃の態勢を整えようとしていたときでもあった。

そんな中で、ろくでなし子が「(ぱよぱよちーん(^.^)」とやったものだから、ろくでなし子を自分たちの陣営に属する一員とみなしていたしばき隊は、逆上してろくでなし子のシバキに狂奔したのである。しばき隊にとってろくでなし子は裏切り者で、蟻の一穴による土手の決壊を招く「腐ったリンゴ」に映ったのだろう。いったい何人のしばき隊員が襲撃に加わったことか。

この事件は、「はすみリスト」問題のサブセットとして派生したものでありながら、ネットの関心を惹き、誰も知らない者はないほど大きな騒動に発展した。「こいつホントクズだわ」「名前そのままやな。ろくでなし子」「ろくでないの人はほんまカスいな」「クズでしかない」「自分が叩かれりゃぴーぴー言って、他人の痛みには無関心、傷に塩を塗り込むような輩」「ゴミ確定」「死ね」などと、あらゆる罵倒が叩きつけられている。フリーライターで、国際的なジャーナリスト松井やよりの業績にちなんで設けられた「やよりジャーナリスト賞」を受賞した李信恵まで、ろくでなし子を「ネトウヨ」呼ばわりした。裁判でろくでなし子を支援してきたことを後悔し、恩知らずと言って罵る者も多かった。

その後もずっと誹謗中傷は続き、1週間以上、しばき隊によるろくでなし子へのリンチは続いた。転機は№2の個人情報が晒された11月12日の頃で、ろくでなし子が屈せず、しばき隊側の劣勢が濃厚となり、今ではろくでなし子へのしばき隊のリンチの集積は恥のオブジェとなっている。

ろくでなし子の事件は、しばき隊の本質をよくあらわしている。しばき隊の暴力は強い者には向かわない。本来、彼らがやらなくてはいけなかったことは、2ch右翼による「ネット私刑」の暴力から「闇のあざらし隊」と石野雅之を救出することであり、これ以上、個人情報晒しが延焼しないよう食い止めることであり、「はすみしばきプロジェクト」の非を認めて自己批判することだった。その議論と行動こそが求められていた。にもかかわらず、彼らはそんなことはそっちのけで、ろくでなし子に砲火を集中し、集団で嘲笑し、ひっきりなしにろくでなし子を小突き回した。しばき隊の全エネルギーをろくでなし子のバッシングに投入した。まるで、ろくでなし子を屈服させ、泣き寝入りさせることに成功したら、この問題が解決し、政治戦に勝利して凱歌を上げられるかのように。それは、いわゆる教室のいじめそのものの卑劣な光景だった。

しばき隊がやるべきは、2chの運営会社と交渉して、個人情報晒しのスレを停止させることだっただろう。が、しばき隊は真の脅威である2chは指をくわえたまま放置し、2chについては彼らの基本方針である「個人情報晒しは自由」を適用して暴力を許容、溜まった憤激をろくでなし子めがけて爆発させるという倒錯をやっていた。丸山真男の言う抑圧委譲の原理である。愚劣な憂さ晴らし。そのため、しばき隊によるろくでなし子へのリンチと右翼による2人の隊員へのリンチが同時並行に行われるという異常な光景がネットで現出した。11月5日からの1週間がそうである。

ろくでなし子は何も暴言を吐いたわけではない。しばき隊を罵倒したとか、誹謗中傷したという事実はない。ただ、「ぱよぱよちーん」とつぶやいただけだった。私のこの記事を読んでいる者のほとんどは、そうした事実があったことは知りつつ、そのリアルな進行を目撃してないだろう。誰でも、凄惨な暴力は生で見たくないものである。視線を止めたくなく、それを意識に刻み込みたくない。ひたすら精神が滅入ることだから。ただでさえ憂鬱でストレスが溜まる日常を生きているのに、こういう、人が乱暴される現場は見たくないし立ち合いたくない。関与したくない。暴力を受けて被害に遭う者の立場に寄り添うことは容易にできない。そこまでの余裕がない。だから、積極的に無関心になろうとする。教室のいじめも同じだろう。

そのようにして、いじめを受ける者は孤立する。傍観者たちは、そこに何事もない日常が過ぎているように自己の観念を操作し調節し始める。いじめる者たちは、そうした社会心理の法則性をよく心得ていて、被害者を巧妙に孤立へ追い込み、残忍な虐待と暴行をエスカレートさせる。クズとかゴミとかクソとか言い、人間ではない、人権を持った者ではない虫けらの存在にしてしまう。これが暴力の技術だ。しばき隊のリーダーである野間易通は暴力に長けていて、暴力のノウハウに習熟し、論敵として標的にしたネトウヨだのへサヨだのクソリベラルだのをゴミやクズやカスにする。個人情報を晒し、徒党の私的制裁にかけて始末してゆく。

今、現代人の日常生活はネット空間と切り離せない関係にある。ひと頃、リアルとバーチャルという区分で論じられたが、ＳＮＳが普及した現在、そうした語が無意味なほど個々にとってネットでの滞在とコミュニケーションの比重が大きくなっていて、自己の個性を発揮し、意見を表明し、自己実現の機会を得る場がネットの小社会に移っている。

職場など外の人間関係がタフでハードで不自由だからこそ、人はネットの中に自分だけの趣味のコックピットを持とうとする。快適な安らぎのリビングを営巣して憩おうとする。アカウントを持ち、何かを言い、誰かから何かを聞き、それに応答し、不特定多数とやり取りする情報生活で満足と安心を得ている。そこに現実の人格と人生と名誉がある。ＳＮＳで一人一人が自由に発言する場は、まぎれもなく、かけがえのない市民社会なのであって、最早、バーチャルの表象で過小評価するのは適当でない。知識の取得、思考の往還、意思と感情の表出、自己の確認、真実と疑問の発見、共感と反感、等々、精神生活のリアリティはネットと向き合っている濃密な時間の中にこそある。

そうした市民社会の中で、無法の暴力を許される一団が存在し、アカウントに言いがかりをつけ、脅し傷つけ屈従させ、抵抗すると痛い目に遭わせ、ブロックリストに放り込んでゴミ処理することは、個々人にとって耐えがたい恐怖だ。自由の剥奪だ。オウム真理教と市民社会は共存できない。

日本国憲法の言論の自由は、ネットの生活空間においてこそ保障されなくてはならないのであり、そうでなければ、この国の市民社会は、ホッブズが「自然状態」と呼んだ剥き出しの暴力が支配する暗黒世界になってしまう。

（15年11月21日）

6　新潟日報記者による高島章弁護士への脅迫事件
――しばき隊の暴走と転落は続く

しばき隊がまた大きな事件を起こした。これまでの概要がネットのニュース記事に纏まっているが、今度は、新潟日報上越支社で報道部長を務める53歳の坂本秀樹が、匿名（闇のキャンディーズ）での「Tweet で弁護士の高島章を脅迫、「弁護士の仕事やめろ。プロのハゲとして生きろ。ネトウヨ弁護士。クソ馬鹿ハゲ野郎！」と暴言を吐いていたところ、逆に身元を突き止められ、電話で抗議と追及を受けた末に、Twitter で謝罪に及んだという騒動である。

事件は11月20日の深夜に始まり、11月23日の昼に終わった。その間、本人は11月22日に新宿で行われた「東京大行進」に参加していて、関係する Re Tweet を自身の Twitter 上に多数上げている。私は昨日（11／23）、高島章の Tweet であらましを知り、刻々とネット上に上がる反応を追いかけていたが、布団に入っても衝撃と昂奮がずっと続いた。

高島章はニフティの頃から通信を始めたと言う。私は富士通がニフティをスタートする前の１９８６年から、中曽根内閣のＮＴＴ民営化に伴う電電開放と電気通信事業法によって、新たに第２種通信事業者となったベンダーが商用化前の試験サービスを始めた段階から、３００bps の音響カプラでCOARAやASCIIに接続している。それ以来、ずっと29年間、この種の営みを続けてきた。1期生である。最初にそれを始めた100人の中に入っている。

RS232Cで繋げた、300bps の通信環境がどういうものであるか、通信の石器時代がどういう世界であるか、今のピンチとLTEの快適で快速な環境にどこから出発して到達したのか、科学技術館とか科学博物館とかで子どもたちが体験できるといいと思う。640x400ドットの黒い画面上を、40字×20行の白い文字が、左から右へゆらりゆらりと動いてテキストを流していた。受話器の受け口が拾うピーガーの音声をバイナリに変換するため、途中でエラーが起きてよく文字化けを起こした。それをパリティチェックの補正で元に戻すシンプルな通信ソフトウェア。

ニフティが始まった1987年は、すでにカプラではなく1200bps のモデム（EPSONやOMRONの）が主流になっていて、以来、高島章も知ってのとおりの幾多のトラブルと訴訟があり、諸事件を身近に目撃しながら、そして法曹家たちの所見と論争を確認しながら、長い年月を送ってきた。私が、誰もフォローせず、リツイートせず、メンションを送らず、TLを「清一色」に染めるという、Twitter の機能を極限まで簡素に使うスタイルを確立し貫徹させているのは、まさにこの霜雪の経験に基づくセルフディフェンスの知恵に他ならない。無用なトラブルに巻き込まれず自らの言論を通していくための方法である。

それにしても、地方紙の報道部長だの、外資のマーケティングマネージャーだの、ぶざまに墓穴を掘る者が後を絶たない。

今回は高島章の胆力に目を見張った。久しぶりに剛胆な傑物の姿を見た。今回の高島章の捕り物と成敗はあまりに痛快で、劇的で華麗であざやかで、まるで映画の決闘場面を見て堪能させられたような気分だ。三船敏郎と仲代達矢の『椿三十郎』のようであり、アラン・ラッドとジャック・バランスの『シェーン』の感動を想起させられる。まさに勧善懲悪の物語の決定版。29年間のネットの事件史を承知しているが、これほど絵に描いたように完璧に、ドラマティックに、正義のヒーローが悪役を退治した決闘劇は見たことがない。2chの観客ともども溜飲を下げさせられた。この事件は長く語り継がれることだろう。

さて、記事を書いている途中、高島章のTwitterを見ると、事態が動き、坂本秀樹が高島章の事務所に新潟日報編集局総務の重役と訪れ、新潟日報社として公式に謝罪をしていた。高島章はこの謝罪を公式に受け入れ、この件についてこれ以上、坂本秀樹を攻撃することはないと言っている。新潟日報がオフィシャルな対応をするだろうとも予想している。オフィシャルな対応とは、新聞社内での事件の調査とその公表、そして本人に対する処分ということだろう。11月3日の「はすみリスト」事件以降、しばき隊のメンバーの墓穴と自業自得が続いたが、今回の事件が最も大きな社会的事件に発展する模様であり、マスコミで報道され、「しばき隊」の語が初めて世間一般の人口に膾炙されることになる。

地方紙の支局報道部長の要職にある現役のマスコミ人が、匿名での Tweet とはいえ、滅茶苦茶なヘイト（憎悪）の暴言と誹謗中傷を吐き、信じられないようなエロ趣味の Tweet を上げていて、昨日（11／23）からのネット空間を驚愕させている。例えば、在特会の女性に対して、「お前の赤ん坊を、豚のエサにしてやる！」「このブス！　お前の赤ん坊は豚のえさにするんだから…。で、お前とダンナが、その豚を喜んで食べるのな。そりゃ美味しいよ。お前の子ども食った豚だもん！」「想像しろ。お前が本能に任せて性行為した、クズみたいな男と娼婦のお前の間に生まれた薄汚いガキ！　明らかに人種差別主義者の子どもであり、生きてる価値はない！　最大限の尊厳を与えてやる。それは、豚のエサになることだ！」「こいつを自殺させるのが、当面の希望」などと戦慄するものばかりだ。

いくら相手が在特会の人間といっても、責任ある地方紙の記者が、公然の場でこんな発言があるだろうか。性欲を全開させたエロ趣味の Tweet の方もどぎつく、気分を悪くさせられるものが多い。この事件をマスコミが報道することになったときは、エロ系の Twitter が紹介され、新聞記者の非常識ぶりに関心が集中する展開になるだろう。Twitter に表出されるしばき隊の思想と行動には、この男にかぎらず、こうした破天荒な欲望放縦の傾向が顕著で、「はすみリスト事件」で最初に身元が割れて会社退職に追い込まれた男もそうだった。

もう一つ、ネットで話題になっているのが、しばき隊のデモの日当の問題だ。こういう Tweet をしている。

「東京大行進にいくための、新幹線グリーン席ゲットー！　ザイトク界隈はどうやって来るの？　歩いて？　情けなさすぎ。しばき隊は主張を訴えられるし、日当もデルからサイコー！　おまえ等は、いつも怯えて手弁当、捕まっても誰も助けてくれない。がんばれよ！」「ザイトク界隈は、日当も出ない上にカウンターから罵声浴びせられ、社会的支持も集められないクソデモやめて、カウンター側にくれば1年でベンツが買える日当貰えるのに」「昨日の東京大行進の日当だか、銀座の寿司屋で寿司食って帰った。おつりがきた(^-^)。皆さんは日当を何に使った？」「今回の東京大行進に参加した人は、最後の柏木公園まで行った人の日当は3万円らしい。俺も最後まで歩いたし！　頼んますノイエホイさん！（笑）」「東京大行進の日当がまだ振り込まれていない…」。

このTwitterは、2年前の2013年の「東京大行進」の時の話だ。2年前はマスコミが注目し、NHKの7時のニュースで映像が紹介され、きわめて積極的な評価と論調で報道がされ、その解説に五野井郁夫が登場していた。何やら、最初からシナリオを仕組んだような報道だったことが印象に残っている。しばき隊の日当については以前からネット上に情報があり、1日3万円の日当が出て、それを幹部がピンハネして実際には1万8千円だったとか、冗談のような話が流れていた。

都市伝説の噂話として一蹴していたが、この新聞記者までが語っていたとすると、ひょっとして何か裏があったのかもしれない。どこから資金が出ていたのだろう。マスコミから追及を受けたときは、しばき隊の活動資金の問題にも疑惑が及ぶ可能性もある。「ノイホイ」というのは、この当時のしばき隊の№２で、思想的には新右翼の立場であり、しばき隊の金庫番を担当していたらしい。官邸前デモのネットでのスポークスマンであり、そのため、この時期のしばき隊は非常に右翼色が強かった。日の丸の持ち込みは歓迎で、組合旗の持ち込みは禁止の時代である。ノイホイは何やら内部で金銭と女性の問題を起こしたらしく、粛清されてしばき隊を追放になった。その事情はしばらく秘匿されていて、ノイホイが消えた理由を私は訝っていたが、昨年の終わりか今年の初め頃だったか、№１と№２の口から追放の事実がTwitterで漏らされていた。ノイホイが粛清され、今の№２が序列を上げて新しい№２として登場したときから、しばき隊の路線がぐっと左に寄り、ＳＥＡＬＤｓ運動に至る現在の性格が固まっている。

しばき隊の世界はこのようにドロドロと実に人間臭く、権力闘争に絡んでカネと女の問題にまつわる俗臭がプンプン漂い、すなわち、過去の歴史で繰り返された政治集団のドタバタ劇を再現してくれていて、外から観察するのに興味が尽きないところがある。そう言えば、丸山真男がナチスと日本の軍国主義者を分析するに当たって、その特異な性的放縦の特性を人間類型の特性として挙げていた。

高島章から、大手紙による事件の取材があったと報告された。新潟日報は、朝から抗議の電話が鳴りっぱなしだという。いよいよ、マスコミがしばき隊を報道するときが来た。

（15年11月24日）

7 新潟日報は説明責任を果たせ
――マスコミはしばき隊の存在を隠すな

しばき隊の一員である新潟日報上越支社の報道部長（坂本秀樹）が、高島章弁護士を脅迫し誹謗中傷した事件は、昨夜（11／24）のうちに読売、毎日、産経、朝日が報道するところとなった。スポーツ報知も記事を書いている。昨日の高島章のTweetで、「すでに全国紙数紙から電話取材を受けている」と報告があったので、マスコミが取り上げるのは確実と思っていたが、素早い一報が各紙から放たれる展開となった。この5紙のうち、読売と産経は記事に本名を出している。こうした事件で全国紙が本名が出すのは、やはり見逃せない点で、かなり厳しい社会的制裁を加えたという意味に受け取られる。新聞社として看過できない問題として身内に制裁を与えたということか。全国紙にこうして名前が出れば、解雇やむなしという状況になる。読売が、業界の上に立つ立場から、同業の地方紙に綱紀粛正を促したと看て取れる。

新聞記者によるTweetでの舌禍事件あるいは不祥事としては、今年8月の朝日の冨永格の騒動があった。今回は地方紙の記者で、朝日の特別編集委員だった冨永格に較べれば格が落ちるが、事件の中身は遙かに悪質で、暴言の異常さには身の毛がよだつ思いがする。ただ、各紙の報道で問題なのは、記事に「しばき隊」の言葉がないことだ。しばき隊による高島章への遺恨から発生した事件だという説明がない。

各社の記事を読むと、単に、新潟日報の記者が新潟水俣病３次訴訟の原告側弁護団長を誹謗中傷したという些事の情報になっている。酒に酔って羽目を外して起こしてしまった不始末という説明だ。アルコールが原因の個人の失敗という描き方であり、本人の動機の真実に触れておらず、２人の関係や背景を完全にオミットしている。事件を矮小化して処理している。事件の概要を知るわれわれからすれば、およそ納得できない報道であり、マスコミによる故意の隠蔽の意図さえ疑われてしまう。

この事件は、昨夜（11／24）の Yahoo! のトップにもトピが出ており、それだけニュースバリューの高い、ネットを活用する市民に関心の高い問題だということが分かる。テレビや新聞では報道されないが、11月に入ってからのネットの注目は、しばき隊関連の問題にフォーカスされていると言い切ってよい。ネットの中ではしばき隊は衆知の存在で、そのイメージもおおよそ輪郭が捉えられており、新潟日報記者の事件も「はすみリスト」事件の延長のものだという理解ができている。今回の卑劣な暴力事件が、しばき隊による高島弁護士への攻撃の過程で起き、そして反撃を受けて挫折し、墓穴を掘って発覚したものであることを多数のネット市民が知っている。マスコミの記者は、事件の本質を不当に捨象するのではなく、正しい文脈の下で構図化するべきだ。

弁護士の落合洋司が、昨日（11／24）、「新潟日報氏の暴言は、世界遺産レベルだな。とてもあそこまでの暴言は言えない。底知れぬ、どす黒い邪悪なものを感じる」とTwitterで述べている。この指摘に同感だ。高島章は昨日のTwitterでこう言っている。

「いわゆる『闇の勢力』（註：しばき隊のこと）の闇は次々に暴かれ、匿名をよいことに暴虐の限りを尽くした勢力は次々に社会的責任を負わされています。このたびの件は、行為者が大手マスメディアの役職者であること、一連のツイートが吐き気を催すほどの憎悪（ヘイト）に満ちていることから、いわゆる『ぱよぱよちーん事件』以上の衝撃を受けるものでした」。「『カウンター・しばき隊』は一方の『闇の勢力・在特会』と向き合っているうちに、自ら闇の勢力の一員となってしまった。やっていることは，ヘイト【憎悪】そのものではないか」。

短い言葉だけれど、説得力があり、問題の本質を射抜いていると思われる。この高島章の直観と洞察に言葉を加えて意味を構成していくのが、政治学の仕事というものだろう。前の記事で紹介したが、長谷部恭男の岩波新書『憲法とは何か』の扉に、ニーチェの「怪物と戦う者は、そのため自身が怪物とならぬよう気をつけるべきである」という警句が飾られていた。しばき隊の成員は、敵である在特会と同じ存在になってしまったのだ。弁証法で言うところの反対物への転化に他ならない。

高島章は言っている。「『憎しみには愛で』などという甘っちょろいものでないことはわかっている。しかし、『憎しみ（ヘイト）には憎しみ（ヘイト）で』では何一つ展望は得られない。良識ある人達から反感を買うだけだろう」。今回の事件を総括する至言と言える。同感だ。憎悪の連鎖と暴力の応酬では何も問題は解決しない。それを止揚しないといけない。

今、在特会的な（しばき隊的な）悪の怪物に立ち向かうわれわれに求められているのは、正義を正しい方法で実現することであり、良識ある人々の勇気で立ち向かって包囲することだろう。高島章のTwitterには、どうしてしばき隊から攻撃を受けるようになったかの経緯が書かれている。発端はＳＥＡＬＤｓのブロックリスト問題からであり、しばき隊が推奨するブロックリストをＳＥＡＬＤｓが採用していることを高島章が批判したことから始まった。

こうして、高島章はＳＥＡＬＤｓを「民主主義の敵」と規定することになった。しばき隊のブロックリストを無批判に採用する行為は、言論の組織的で物理的な排除であり、言論の自由を認めない危険なものだという判断からだろう。10月当時、ＳＥＡＬＤｓは左翼リベラルで燦然と輝く聖天使であり、あらゆる価値の発光源たる神々しいシンボルだったため、辺見庸同様、高島章も寄って集ってボコボコにされていた。今回の事件はここから始まっており、マスコミが報道するのなら、しばき隊とＳＥＡＬＤｓの関係を言わないといけない。

ネット市民社会で傍若無人に振る舞い、誰彼かまわず暴力をふるい、気にくわない人間には一方的にレッテル（レイシスト、ネトウヨ、ヘサヨ、クソリベラル）を貼って貶め、相手の人格を否定し（ゴミ、クズ、クソ、死ね）、徒党で襲いかかってリンチする暴力団のしばき隊。その実態を正しく紹介し、しばき隊とＳＥＡＬＤｓの関係を説明してこそ、新潟日報記者事件の報道は当を得たジャーナリズムとして人々に伝わるはずである。

昨日（11／24）、マスコミの記事が出る前に、早々と津田大介がこの件でTweetを上げ、ネットで物議を醸していた。「僕はしばき隊の仲間ではないですし、記者ならネット空間であっても実名で発信する方が望ましい（職業倫理的にも人間的にもダサいですね）と思っております」と言っている。

どうして津田大介がこんなTweetを上げ、そしてネットで話題になっているのか不思議だったが、津田大介は新潟日報の特別編集委員の要職で、新潟日報と契約して報酬を受け、新潟日報のサイトにコラムを書いている身なのだ。全く知らなかったが、なるほど、しばき隊とも初期から昵懇の間柄で、しかも新潟日報の特別編集委員となれば、この問題で口を開かないわけにいかないし、「無関係」だと先手を打って逃げておくのが得策と一計をめぐらしたのだろう。ネットでは、津田大介のこの姑息な保身の弁に不評と失笑の声が上がっている。坂本秀樹の事件が発生して後のしばき隊の公式の態度は、この男はしばき隊とは無関係とすることと、新聞記者は実名でネットで書き込みをせよということらしい。遺憾の意の表明は一切ない。

しばき隊の活動を初期から支えてきた五野井郁夫は、この事件のコメントと思われるTweetで、

「公憤から他者のために人生をかけて差別を止めようとする人々がいる。かれらが失言をしたとたんに『善意の人々』による吊し上げが始まる」と言い、坂本秀樹を擁護している。坂本秀樹の暴言の嵐は、およそ「失言」と呼ぶに相応しい性質のものではなく、ほとんど精神錯乱した男の狂気の悪態だ。あまりのグロテスクさに心を病んでいるとしか思えない。

人々が衝撃を受けるのは、この男が地方紙の報道部長というマスコミの要職にあったことで、今、新潟は混乱と動揺の中にあるに違いない。県の言論の府である新潟日報の権威失墜もいいところで、経営幹部たちは途方に暮れて頭を抱えていることだろう。新潟日報は何も言い訳できないし、どこにも正当化の余地はない。新潟水俣病訴訟の原告団長、すなわち被害者（患者）救済のシンボルをこうして傷つけたということも、新潟日報と新潟県民にとってショッキングな出来事だろうと思われる。単なる「失言」などでは済まされないし、酒のせいにできる軽率な失態でもない。新潟県民はこの男の動機を探るし、動機を探れば、しばき隊という存在と歪んだイデオロギーに辿り着く。もし、新潟日報に良心があり、ジャーナリストとしての誠実で真摯な心があるなら、この事件を個人の過失行為に片づけるのではなく、しばき隊という狂気の集団があり、その毒に記者が感染していた事実を明らかにして欲しい。

それが、新潟日報が説明責任を果たすということである。

（15年11月25日）

8　ファシズムとＳＥＡＬＤｓとしばき隊
――『１９８４年』の世界と「強制的同質化」

今回は、特に、私を右翼と結託した裏切り者だと断じて罵る左翼リベラルの人たちに向けて試論を述べる。ジョージ・オーウェルの『１９８４年』の世界を思い出してもらいたい。その世界は、われわれにとってすでに周知で常識のものと言ってよく、作品の概要についてあらためて説き起こす必要もないほど、物語も、作者の意図や主題もよく頭の中に入っている。イメージが定着している。ここ数年の日本で、これだけ多く読まれて議論され、政治を考える人に覚醒と感動を与えてきた古典は他にない。われわれは『１９８４年』の世界に夢中になり、自分たちが生きている現実世界との同一性を発見し、驚愕し、恐怖してきた。まさに、今の日本のリアルな姿がそこに映し出されている。だから作品に登場するところの、イングソック、ビッグブラザー、ユーラシア国の存在と意味について、詳しく説明しなくてもおおよその概念を持っているだろう。

それを前提の上で、最初に結論として、皆さんにショッキングな私の問題提起を言うと、イングソックはしばき隊である。ビッグブラザーはＳＥＡＬＤｓである。そして、その構図を外側に延長したところのユーラシア国が、皆さんの敵である安倍晋三と右翼ということになる。この類比と仮説で論理的に整理される。イングソックはイデオロギーと党を意味する。ビッグブラザーはシンボルに他ならない（恐怖支配の機能は野間易通が担っているが）。

オーウェルの『１９８４年』の世界は、まさしくファシズム（あるいは全体主義）の実相が生々しく描かれているけれど、メタファーの概念を正しく理解するときは、必ずユーラシア国を含めた全体像で捉えなくてはいけない。自由な個人と、個人を包み込む政治集団と、政治集団の敵という三者の図式で考える必要がある。オーウェルは架空の世界を設定し、比喩を巧みに構成してファシズムを説明したが、私はオーウェルの比喩をさらに比喩として援用する方法で、私たち一人一人と、しばき隊と、ファシズムの全体像を考察したいと思う。後ほど、丸山真男に解説に登場してもらうが、さしあたり、Wikipedia に次のような『１９８４年』の記述があるので一部をテキストとして抜粋したい。

「イングソックは国民の完全な服従を求め、その実現のためには逮捕や拷問も辞さず、恐怖により国民を支配している。党は複雑な心理学的道具や手法のシステムに精通しており、これによって国民に犯罪を自白させ反乱の意思を忘れさせているだけでなく、『ビッグブラザー』や党自身を心から愛させるように仕向けている」「党は『ビッグブラザー』により『擬人化』されている」「ユーラシア（略）も（略）イングソック同様の支配的イデオロギーを信奉しており、オセアニア同様の全体主義体制を築いている」。

一つ一つ眼前の風景と重ね合わせていくと、何とも示唆的というか、インスピレーションを刺激して想像力を喚起させる諸断片ではないか。

ビッグブラザーは神聖不可侵な絶対的シンボルであり、オセアニアの住人はビッグブラザーを無条件に崇拝、拝跪し、ビッグブラザーが踊って騒ぐTBSのスクリーンに向かって、北朝鮮の人民のように常に礼賛しなくてはいけない。オセアニアの人々は監視され、少しでもイングソックやビッグブラザーに批判的な言動をした者は、Twitterで探知され、通報され、反革命分子として党に摘発され、党によってリンチ拷問の刑を受ける。人格を否定され、デマと個人情報をオセアニア中にバラ撒かれ、不適格者の烙印を押されて市民社会で生きていけなくさせられる。新潟で弁護士をしているゴールドスタインは党と人民の裏切り者で、オセアニア国の住民は一日に一度、Twitterの前でゴールドスタインに「2分間憎悪」を投擲する狂騒の政治儀式をやっている。イングソックによる苛烈な「しばき」（私的制裁の暴力）を受けた者は、ロボトミー手術を施されたように従順になり、人格改造され、党とビッグブラザーに忠誠を誓う羊になる。

『1984年』で最も戦慄させられるのは、スミスがネズミに頭を囓られる恐怖を体験させられる凄絶な拷問の後、自らの信念を打ち砕いて党の思想を受け入れ、そして、処刑される日を思いながら党を心から愛するようになるラストの結末だ。若い頃、私はこの部分がどうにもよく理解できなかった。それは、スターリン主義という毒々しい闇の謎であり、それを政治思想史の対象として認識することの困難でもあった。

不思議なことに、野間易通から暴力を受けた左翼の者は、しばき隊に恭順し、それをリスペクトして準信者になるという倒錯を起こす。野間易通の暴力性という裏面と、ＳＥＡＬＤｓの神聖性という表面と、コインの両面を併せ持ったビッグブラザーに心酔し帰依してしまう。そして、新潟日報の記者のように歯止めなく暴力をふるう鬼になる。そこにリベラル系文化人の権威の人脈が連なっていることも理由だが、しばき隊の力は恐るべきものだ。オウム真理教のマインドコントロールも、おそらくそれに類似した過程と現象を見い出せるだろう。人間の心理というものはどこまでも複雑で、政治と暴力の関係の悪魔性にあらためて身震いさせられる思いがする。

さて、そろそろ、丸山真男のファシズム論に話を進めよう。丸山真男のファシズム分析の論点は多岐にわたるが、特に強調して焦点を当てていたのが「グライヒシャルトゥング」の契機であったこと、このブログでも何度も指摘してきたとおりである。丸山真男の『現代政治の思想と行動』を読めば、その力説がよくわかるし、この本を教科書に政治学を講義している者は、必ず説明して学生に知識を与えないといけない。ドイツ語の Gleichschaltung。日本語では強制的同一化（註：私の学生時代は、同一化ではなく同質化と訳された）。未来社の本に所収された「現代における人間と政治」（１９６１年）から一部を引用しよう。

「グライヒシャルトゥングとは、正統の集中であると同時に異端の強制的集中を意味する。（略）それが成功する度合いにしたがって、右のような二つのイメージの交通は困難になる。この場合、初めからの正統の世界と初めからの異端の世界、つまり二つの世界の中心部ほど、それぞれのイメージの自己累積による固定化が甚だしく、逆に、二つの世界の接触する境界地域ほど状況は流動的である。そこで支配者にとっての問題は、いかにしてこの異なったイメージの交錯に曝された辺境地帯の住人を権力の経済の原則にしたがってふりわけて行き、両者の境界に物的にも精神的にも高く厚い壁を築き上げるかということにあり、グライヒシャルトゥングの成否はここにかかっているわけである。こうして権力が一方で高壁を築いて異端を封じ込め、他方で境界に近い領域の住人を内側に徐々に移動させ、壁との距離を遠ざけるほど、二つの世界のコミュニケーションの可能性は遮断される。そうなれば、壁の他の側における出来事は、こちら側の世界にはほとんど衝撃として伝わらない。異端者はたとえ、文字通り強制収容所に集中されなくても、自ずから社会の片隅に身をすりよせて凝集するようになり、それによってまた彼等の全体的な世界像だけでなく、日常的な生活様式や感受性に至るまで、大多数の国民とのひらきがますます大きくなり、孤立化が促進される」（旧版P４７８）。

私から見て、今の左翼リベラルのしばき隊化は、ファシズムの時代における強制的同一化の異端の側の動きのように見える。全体社会からすれば、安倍晋三と右翼に抵抗する側は異端の側となるだろう。壁で隔離された異端（左翼リベラル）の世界が、しばき隊という一つのイデオロギーの下に強制的に同質化され、再編統合されているのが、今のわれわれの真実ではないのか。

全体社会における異端であっても、異端は異端として自らを正統としており、壁の向こうは敵であるユーラシア国である。壁のこちら側のオセアニアは、これまでは自由な思想と言論が許され、自由な批判や表現が許されたが、今ではそれが不可能となり、イングソック（＝しばき隊＝党とイデオロギー）に服従しない者は拷問され処刑されるのであり、自主的にイングソックの党員にならなくてはいけないのである。ＴＢＳのスクリーンに映るビッグブラザーの音頭に手拍子足拍子して、「なんだあ、なんだあ、これだあ」と絶叫し、創価学会の読経のように一心不乱に声を張り上げ、「大月出版」から出たビッグブラザーのパンフレットを随喜しながら愛読するのだ。

かくして、心地よい新興宗教の至福の世界に浸って恍惚となった後は、ビッグブラザーに抵抗する不埒な新潟の弁護士ゴールドスタインに向かって、渾身の敵意を爆発させ、「ゴミ、クズ、クソ、ハゲ、死ね」と「2分間憎悪」の雄叫びを上げ、Re Tweetを拡散させるのである。

今、私たちは間違いなくファシズムの中にある。暗い時代を生きている。そのファシズムは二重構造のネスティングされたものだ。しばき隊の現象は、丸山真男がファシズムの契機として重視するグライヒシャルトゥングの異端側の世界の光景であり、壁のこちら側を強制的同質化する運動ではないのか。したがって、それは、１９３０年代の世界の（ソ連の外の）スターリニズムの動きと重なるものではないか。すなわち、ファシズムに抵抗する人々が陥って感染した悪性の病弊なのではないか。高島章を「人民の敵」として攻撃する思考様式は、まさしくスターリニズムそのものではないか。以上が、私の認識と問題提起である。

（15年11月26日）

9　しばき隊とは何か
――予備的考察としてのスターリンの人格形成

新潟日報記者の事件を、辺見庸はどう思って見ただろうか。同業の人間が起こした事件であり、関心を持たないはずがないと思われる。おそらく、内容を知って絶句したことだろうし、辺見庸が考えるファシズム論に新たな地平を拓く材料になったというか、確証となる一撃を与えたに違いない。

事件を起こした坂本秀樹は地方紙の記者である。朝日や読売など大新聞の記者ほどには腐って崩れてないと想定されるところの、地方紙の記者であり、しかも政治的な立ち位置は辺見庸とほぼ同じ、反安倍の、すなわち左翼リベラルに属する一員だ。しかし、暴言のおぞましさは2chに跋扈するネット右翼以上に狂暴かつ凶悪で、気が滅入るほどグロテスクで、病的な狂気と錯乱に満ちている。精神に異常を来しているとしか言いようがない。

地方紙の報道部長の要職にあった左翼の新聞記者が、匿名 Twitter で何年もこんなことを書いていたという事実を、辺見庸がどう論評するか興味深い。辺見庸にとって、衝撃というか憤激や落胆をそそるのは、この男の狂乱の罵倒 Tweet 群よりも、事件について何も真実を報道せず、本人の酔ったはずみでの不祥事に解消し、動機と背景を隠蔽しているマスコミの姿勢であり、事件について正しく調査検証して説明責任を果たすこともせず、当人を懲戒解雇の厳罰処分にもせず、記者は実名で Tweet するべきなどと話をスリカエてゴマカシている新潟日報だろう。

しばき隊とは何かを政治学の問題として考えるに当たって、一つの素描的仮説を前回の記事で問題提起した。G. オーウェルと丸山真男の方法的支援を受けて、しばき隊の運動の意味を分析した試論を提示した。しばき隊をずっと近くで観察してきた者として、対象としてのしばき隊のストラクチャーとメカニズムの理解と把握に私は自信を持っている。それは、一言で総括すれば、ファシズムの時代に咲いたあだ花だ。そして、日本の政治に40年ぶりに復活し再登場した左翼の暴力である。前回示したところの、「グライヒシャルトゥングの壁のこちら側における強制的同質化」こそ、この政治現象の本質的契機であり、しばき隊とは何かの設問への社会科学的正答に他ならない。

だが、その洞察をより説得的で立体的な報告と結論として構成するためには、さらに重要な二つの問題を説明しないといけないだろう。しばき隊とは何かを解明するためには、二つのクリティカルなイシューにメスを入れ、オペのチャレンジを成功させて有効な認識と概念を得る必要がある。

二つの問題とは、一つは野間易通の人格という問題であり、もう一つは在日の政治という問題である。しばき隊の周辺には在日の影が色濃い。特に、尊師である野間易通の玉体に近い親衛隊とおぼしき部分にはその気配が強く、そのこととしばき隊の暴力性とが密接に関連して独特の面妖な表象を形作っている。

何やら、立ち入りを憚られる禁忌的な表象となり、ストレートな思考と言論を躊躇させられるリスクの高い問題系となっている。しばき隊と在日（マイノリティ）の問題を論ずるのは社会科学の勇気と覚悟が要る。一歩踏み外すと地雷に触れる。ひとまず、先にリーダーの野間易通の人格の問題を考えたい。この男のキャラクターなしにしばき隊はあり得ない。仮説を探り当てる前に、予備的作業としてスターリンの人格形成について考えよう。

スターリニズムの問題については様々な研究があり、議論がされてきているが、その謎に迫る上で、何といってもスターリンの人格が最も決定的で重要な要素であり、そこから立論して政治思想史を組み立てて成果を得るべきだというのが私の立場である。手元に、1989年に出たアレクス・ド・ジョンジュの『スターリン』（心交社）という伝記がある。長くなるが、どれも眼前の問題を検討する上で膝を打つ記述ばかりであるため、煩を厭わず引用したい。

「スターリンの父（略）は、靴職人でゴリの小さな店で働いていた。その町で彼はエカテリーナ（略）と出会い、結婚した。（略）ヨシフ・ヴィサリオノビッチ・ジュガシビリは1879年12月21日に生まれた。（略）彼の少年時代は父親にたいする激しい憎悪を特徴としていた。父親は酔っては彼をよく叩き、彼はナイフで自衛せざるを得なかったという。母親は大いに期待をかけていた息子をできるかぎり庇った」（P18）。

「彼女はお針子をして働き、内職に洗濯を引き受けて息子を学校にやり、夫が１８９０年に酔って喧嘩しナイフで刺されて殺された後もそうして働き続けた。（略）スターリンがかつて誰かを愛したという証拠はないのだ。後年、彼は母親を何ともひどい言い方で呼んでいる――たとえば『あの老いた売女』とか。スターリンは母親の葬式に参列せず、また母親は敬虔なクリスチャンとして死んだが、彼は母親の墓に十字架を置くことを許さなかった。（略）スターリンは乱暴な情容赦のない家庭に育った。彼は両親から叩かれた。（略）彼が厳しく無情な少年時代を送ったことは明らかで、ここから自分以外の一切の権威にたいする憎悪が生まれたのであり、この憎悪は彼の一生を貫くことになるのである。肉体的要素も彼の敵愾心や劣等感を助長した。若いころのスターリンは醜かった。（略）身長は１６２センチで成長が止まってしまった。（略）イレマシビリ（註：亡命して回想録を書いた教区小学校の同期生）が描く若きスターリンの肖像は、ぞっとするようなものである。『何かを得ようとしたり、何かをやり遂げようと決心すると、彼は不安定な、自制を失った、激情的性格になった。彼は自然を愛したが、生き物を愛したことは決してなかった。彼は人間や動物にあわれみを感じることができなかったのだ。子供のころでさえ、彼は学友たちの喜びや悲しみにたいし皮肉な笑いを浮かべて応じていた』」（P18～19）。

「15歳の神学生スターリンは、冷淡で、自己をたのんだ、意地悪な少年で、辛辣な物言いに支えられた独特の権威によって学友たちに己れの意思を押しつけた。『ライフ』誌1939年12月2日号にレオン・トロツキーは神学生スターリンの素顔を簡単に紹介している。『(略)すでに彼の仲間たちは、ヨシフが他人の悪い性質しか見ようとせず、私心のない動機にたいしては不信の態度を示す傾向があることに気づいていた。彼は敵の弱みにつけ込む方法や敵同士を反目させる術を心得ていた。彼に反抗しようとする者や彼が理解していないことを説明しようとする者にたいしては、彼は冷酷な敵意を抱いた』。若きスターリンはすでに憎悪の仕方を心得ていた。最初の相手は自分の父親で、次いで自分より権威ある地位にいる者へと及んだ。(略)神学校では、スターリンは当初は模範生であったが、やがて権威にたいする持ち前の反抗心と過激思想にたいする興味のため、学業から遠ざかった。(略)一部の神学生は研究討論会をつくり、スターリンもそれに加わった(略)。研究討論会でのスターリンの振る舞いは印象的なもので、その後の彼の全政治生活を通じて不変のパターンを確立している。自分と意見の違うことに耐えられないスターリンは、自分のみが正しいと主張し、勝つためには卑劣な手段も辞さず、その結果、間もなくそのグループは異議なくスターリンに従う者と彼に我慢できない者とに分裂した」(P23~24)。

伝記によると、スターリンは神学校を放校となった後、地下活動に入って革命家としての人生を本格的に歩み始める。

「１９０４年にシベリアから戻ったスターリンは、何らかの組織や支持を求めてバツーミに赴いた。当時の党員で後に亡命したV.アルスニーゼはこのときスターリンに会っており、その青年にたいする貴重な目撃記録を残している。『彼の目的は依然として戦闘的労働者を自分の味方につけて、彼らの指導者になることであり、必要とあれば、彼らの支持を頼りに委員会を支配することであった。（略）明らかに彼はナンバーワンになって、管理し、支配し、独裁的な命令を出したかったのだ。彼の仲間は、彼に従い、あらゆる点で彼の権威に屈する者たちだけであった。彼はそれ以外の者には我慢がならなかったが、そうした者たち以外の人々は誰も、ボリシェビキの仲間でさえ、彼には我慢ができなかったのである。私は彼に会うたびに苦痛を感じた。彼の言葉や立ち居振る舞いには、何か普通でない独特のものがあった。この男は一体どういう人間なのかと私はしばしば自問した。（略）彼は弁才もなしに演説した。彼には内に燃えるものを何ら感じさせず、心の温かさや誠実さや善良さをみじんも感じさせなかった。その話し方は粗野で下品であり、そのがさつさには活力や力強さやしつこさが感じられた。彼はしばしば皮肉や当てこすりを言って、下劣な冗談で相手をやっつけたが、それはしばしば限度を超えた猛攻撃となった」（P40〜42）。

「彼はうそをつき、そして厚かましくも自分の敵対者をうそつきと非難した。どんな動議を出しても、……必ずスターリンから直ちに異議を差し挟まれ、彼は動議の提出者をうそつき呼ばわりしたり、動議の意味を変えて正直な聴衆を欺いたりした。（略）次の会合で彼は、自分が前に申し立てて、すでに却下された異議を蒸し返すのであった。自分が故意に厚かましいうそをついていることを聴衆にはっきり悟られるまで、彼はいつも自分の言い分を押し通した。（略）彼はいつも口汚く罵り、せいぜい野卑な暴言しか吐けなかった」（『スターリン』P40〜41）。

この記述を読んで念頭に浮かぶのは、左側の野間易通と右側の橋下徹である。二人はよく似ている。ところで、事件を起こした新潟日報の坂本秀樹について、野間易通は11月24日の「Tweet で、本人について、「『仲間』っつっても（略）ふだんどんな発言をしてるか知らない人ですよ」と無関係を強調している。ところが、その直後、右翼によって坂本秀樹の Facebook の友達リストの中に本人が登録されている事実が暴露され、衆目の前で赤恥をかく始末となった。決定的な証拠を突きつけられるまではうそを通してしらばっくれるという点は、橋下徹にも顕著に見られる共通の特性であり、スターリンがまさにそうだった。アレクス・ド・ジョンジュは、地下活動時代のスターリンについてこんなことも書いている。

「数年にわたって同志や対抗者たちは、スターリンが自分たちを警察に売り渡したのではないかと何度か疑惑を表明している」（P39）。

「スターリンは利益よりも忠誠を重んじるような人間ではなかったから、内部抗争を処理させるために警察を利用することくらいやりかねなかったのである。実際、彼が自分の昇進や復讐の手段として警察を利用しなかったとは到底考えられないのである」（同P40）。次回に続く。（15年11月29日）

10　野間易通とスターリンのアナロジー

――憎悪と暴力、奪権と野心の政治表象

鹿砦社が発行している反原発雑誌の最新号（注：『NO NUKES voice』vol.6　２０１５年11月25日発行）で、野間易通を批判する記事が出たらしく、しばき隊の界隈で話題になっている。鹿砦社といえば、藤井正美（注：この記事がアップされた直後に退社）が『紙の爆弾』の編集者をやっている出版社だ。何が起きているのだろう。前回、しばき隊のリーダーである野間易通の人格分析の予備的作業として、アレクス・ド・ジョンジュのスターリンの伝記から特に少年期に焦点を当てて引用を試みた。当初の想定では、もっとコンパクトな引用になるはずだったが、カットできる部分がなく、紹介したい記述が多すぎて、記事の半分が伝記の引用で埋められる結果になった。

結局のところ、野間易通の人格が何かという問題の本質的探究は、ジョンジュが全てを語り尽くしてしまった感があり、補足や追加の必要はないと思われる。あとは、ここに本人の足跡を材料として置くだけでよく、その作業を満たせば、ジョンジュのスターリン論が社会科学的に正鵠を射た野間易通論の方法となるだろう。

社会科学では実験ができない。実験ができない代わりに歴史を使うことができる。仮説の証明に

おいて歴史を用いるのが社会科学なのだと、6月の本郷での立憲主義のシンポジウムで石川健治が言っていたが、この言説は丸山真男のもので、みすず書房から最近出た『話文集』の中にある。できれば、石川健治には、この一般論の指摘に当たって丸山真男からの出典を言及して欲しかった。

例えば、2000年代、tpkn を名乗った「問答野暮用」での無双の掲示板荒らしの活躍とか、kdx を名乗っての mixi 時代の騒動の追跡と検証によって、この異様な暴力的個性の前史が浮かび上がるに違いない。それ以前の、1990年代、『ミュージックマガジン』時代や『WIRED』時代の実態と経緯も、今日を語る上で大いに参考となるだろう。左翼リベラル業界で一定の地位を築いた今日では、これらの不都合な経歴は消されていて、Wikipedia の「正史」には書かれておらず、大手紙にも掲載される「社会運動家」の前歴として具合が悪いためクレンジング処理されている。

しかし、しばき隊とは何かを知る上で、これらの過去情報は有意味な材料となるはずで、どこかの時点で、当時の関係者がマスコミに登場して証言する図があるかもしれない。野間易通の経歴で特徴的なことは、企業なりに就職して働いた期間がきわめて短い点と、周囲の人間関係で常にトラブルを起こし続けてきた点だ。

この問題に関連して少し脱線するが、しばき隊のNo.1、No.2、No.3の3人の諸個性を並べたとき、3人とも関西出身だけれど、No.1とNo.3はお坊ちゃんであり、わがままな性格で金に不自由していない。No.2は中産階級の出身で、だから仕事を持って匿名で活動していたのであり、そうせざるを得なかった。

私が№２を買う理由はその点にもある。№２は周囲と軋轢を起こしていない。15年間、ずっと創業した同じ企業で働き、仲間を作り、仕事の実績を積み上げている。信頼を得、仕事仲間を大事にし、仲間から大切にされている。しばき隊の分析において野間易通とスターリンとのアナロジーに着目する視角は、掲示板荒らしを卒業して路上に出、「社会運動家」となった野間易通を考察するとき、さらに有効な成果を導出するに違いない。

本来、ここで正確な証言をわれわれに提供し、しばき隊の政治科学的対象化に貢献しなくてはいけないのは、植松青児であり、モジモジ（下地真樹）であり、竹野内真理であり、園良太や「ヘイトスピーチに反対する会」の面々だろうが、荷が重すぎるのか、彼らは何も口を開くことができない。いわゆる日本の左翼の典型像であったこれらの面々が、野間易通の「噛ませ犬」となり、完膚なきまでに暴力で叩き潰され、しばき隊が左翼世界で勢力を拡大する土台となった。この「負け犬」たちの存在と態様こそが、スターリンとその徒党がボリシェビキの中でのし上がり、権力を掌中にして君臨した事情をそのまま複製して描き見せている。スターリン主義の歴史が見事に再現されている。一部に、野間易通をスターリンに擬して解読する議論は、スケールに差があって違和感を覚えるという感想を聞くが、それは、平成の「乱世の奸雄」として橋下徹と双璧をなす野間易通に対して失礼な評価だろう。

野良犬のゴロツキから成り上がって一大勢力を築いた「英雄」として、ファシズムの時代の申し子として、右の橋下徹と左の野間易通には、失礼のない応分で適当な政治的評価を与えないといけない。野間易通の実力と野心を見くびるのはよくない。ボリシェビキの1920年代前半までを一瞥したとき、スターリンは知識と教養のない小物であり、こうした革命党には必ずあるところの、ボリシェビキの非合法部門の総務主任であり、その方面の才能をレーニンに買われて出世していただけの粗暴で無類のゴロツキだった。革命後に組閣したレーニンのキャビネット（人民委員会）は、知性の水準の高さで欧州の知識人から高く評価されたが、その中に水準を引き下げるスターリン（民族人民委員）が入閣していることは、科学者が政治をするのがマルクス主義だという理想と自負を持つ幹部たちの間では歓迎されない一事だった。

だが、マヌーバーとテロリズムの駆使によって、狡猾なこの男はレーニンの後継者となり、ソ連と社会主義圏の帝王&教皇になるのである。今の日本の左翼が、未だに野間易通を軽く見ているように、当時のボリシェビキたちはスターリンを過小評価していたのだ。それは、8年前にわれわれが橋下徹を過小評価したのと同じである。過小評価は自己の願望の投影にすぎない。そして、ボリシェビキたちがスターリンを見くびったように、植松青児やモジモジらは野間易通を侮り、逆にテロルの術中に嵌まって屠られた。

スターリンと野間易通に共通するキーワードは、やはり憎悪であり、憎悪と暴力の扇動と正当化だろう。この40年間、日本の左翼からは憎悪と暴力の契機は消えていた。連合赤軍によるあさま山荘事件と山岳ベース事件の蛮行と悲劇の後、日本の左翼は暴力と決別し、暴力を政治に持ち込む思想を止揚した。明らかに、70年代以降の日本の左翼はお行儀がよく、品行方正で、知性主義であり、知識と教養と論理と品格を重んじ、誠意ある議論と核心を衝いた説得で支持者を増やすという態度だった。不破哲三をトップとする共産党がその模範を示していて、それは今でも、例えば、志位和夫の国会質疑において象徴的に発現され感得されるものとしてあり、劣化し堕落した日本人一般に、政治的立場の左右を問わず、反省を誘い、良識を保っていた過去の日本への郷愁を誘うものとなっている。

だが、新潟日報記者の「闇のキャンディーズ」の Tweet は、どうして左翼がこんな暴言を吐けるのかと目を疑うほど、徹頭徹尾、目眩がするほど、敵対者に対する憎悪と暴力の衝動で充ち満ちている。「お前の赤ん坊を豚のエサにしてやる」などと、どうして左翼の53歳の新聞記者が書けるのだろう。この常軌を逸した狂気と暴走は、決して新潟日報記者だけではないのだ。しばき隊に共通して見られる精神特性である。今は Twitter を閉鎖しているけれど、「闇のあざらし隊」を名乗った57歳の男も同じような暴言を常に吐いていた。暴力動機の表現は共通している。

しばき隊が登場して3年、ネットで見る日本の左翼はすっかり暴力的に変質し、彼らがネトウヨと呼んで蔑む集団と属性・傾向が同じになった。言葉と態度が同じになった。共産党が模範を垂れていた品行方正と知性主義とはおよそ無縁な、毒々しい危険な教団性となり、一般市民にまで暴力の危害を加える存在となった。私が身をもってそのことを感じさせられたのは、昨年2月の東京都知事選のときの体験である。

しばき隊の狂気と倒錯は、政治闘争に勝つためには暴力も容認するという思想が徹底している点にあり、暴力を手段として肯定するために自らを絶対的正義と狂信するところにある。そして、自らを批判する者を容赦せず、レッテル貼りして殲滅するまでヒステリックに攻撃し続けるところにある。エネルギーの原動力は憎悪に他ならない。理論ではなく憎悪。憎悪を敵対者にぶつけ、誹謗中傷し、個人情報を晒して脅し、敵対者が苦痛を受けたり、屈辱を覚えたり、我慢を強いられて泣き寝入りするのを見て愉悦するサディスティックな快楽。こうした態度は、品行方正を旨とし、右翼に対して知性的倫理的優越で臨んでいた左翼には、かつては一般的に見られない特質だった。今、若い世代を中心に、日本の左翼全体が異常になりつつあり、凶悪で粗暴になりつつある。

さて、野間易通の人格についての推測と仮説だが、やはりそこにスターリンと同じ要因が介在し、家庭環境に不具合があったか、中学時代にいじめを受けたか、そのどちらかだろう。

時間を超え、空間を超え、普遍的な政治の法則性として、左翼世界にスターリンの悪魔的個性が現れると、そこにスターリン主義の政治的現実が発生する。人が憎悪の政治の中で跳梁し爆発する。

（15年12月2日）

11　「ヘイト」の概念を混乱させ在日差別を助長するしばき隊の横暴と利敵

憲法学者の長谷部恭男は、「ヘイトスピーチ」の法規制に対して、憲法の表現の自由の立場から反対の意見を上げている。今年7月の朝日の対談記事にこうある。

「表現の内容に基づく規制は、表向きは正当な理由、立法目的を掲げているものの、経験的に言って、政府の側に特定の党派や思想を抑圧しようとする不当な動機があって導入される蓋然性が高い。そうすると、思想や情報の流通がゆがめられ、思想の自由市場がうまく機能しなくなる。だから、表現の内容に基づく規制は、原則許さない、というのが憲法学のオーソドックスな考え方。ヘイトスピーチも表現活動であり、その規制は表現の内容に基づく規制ということになる。やはり、慎重の上にも慎重に、規制の必要性や合理性を考えねばならない」「ヘイトスピーチと言われるものがたとえば、特定の個人や団体に、人格権の侵害や業務妨害という形で、回復困難で重大な損害を与える場合、現行法でも、差し止めや損害賠償を請求することは十分可能。現に実例もある。日本の現行法はそうした害悪に柔軟に対処できる懐の深さを備えている」「ヘイトクライムとヘイトスピーチは区別すべきだと考える。ヘイトクライムを重く処罰することは憲法学から見ても、問題は少ない。ただ、そのことと、ヘイトスピーチについて、どのように対処すべきかは、別のことだと考える」。

「ヘイトスピーチ」の法規制を推進する側からすれば、この長谷部恭男の主張はきわめて保守的で、ある意味で反動的にすら映るのだろうが、現在の私の立場は長谷部恭男に近い。あくまで現時点ではという前提の上だが、長谷部恭男の議論に特に共感するのは、「ヘイトスピーチ」の法規制が政府権力によって行われた場合、特定の思想や党派を抑圧する不当な動機で導入される場合が多いという警戒の指摘である。一般論としてまさにそのとおりだろうし、言論・表現の自由を国家権力が制限しようとするときは、必ずそうした邪悪な政治目的が裏に介在している。大学の憲法学の講義でもそう習った。

前々回、オーウェルの『１９８４年』の世界を見ながらしばき隊の問題を考察したが、ネット市民社会の中で、しばき隊は特別な警察権力を持っていて、彼らのイデオロギーとルールに違反する者を摘発し、集団の暴力で熾烈な制裁を加えている。その姿はまさに思想警察であり、彼らが、彼らの論敵を「ヘサヨ、ネトウヨ、レイシスト」と断罪し、思想犯罪者として処刑する。イスラム国と同じだ。集団リンチで罵倒と侮辱を浴びせ、デマを捲き散らし、個人情報を晒して嫌がらせし、神原元の「法律しばき」で脅迫し、二度と抵抗できないように痛めつけて屈服させるという刑を執行している。しばき隊によって、「ヘサヨ、ネトウヨ、レイシスト」と認定された者は、公共敵の烙印を押され、ネット社会で生きる権利を奪われる。

現実に、ネットの中で、しばき隊の暴力によって人権侵害が頻発していて、訴訟沙汰になっている事件も幾つもある。しばき隊の傍若無人と乱暴狼藉は、自由に政治を言論するネット市民にとって、もはや無視できない限界の段階に至っていると言っていい。問題は、そのとき、彼らが「ネトウヨ」だの「レイシスト」だのという定義を恣意的に決めていることで、定義の範囲を自在に拡大させていることである。それは、「レイシスト」認定だけでなく、「ヘイト」や「ヘイトスピーチ」の概念も同じだ。

しばき隊にとって都合の悪い人間を「レイシスト」と認定し、しばき隊を批判する言論を「レイシズム」だと規定する。「ヘイト」や「ヘイトスピーチ」の概念が一般に十分に定着しておらず、一つの通念でそれらが人口に膾炙されるまでに至ってなく、多義的な用法が流通している現状で、それらの語を定義する権利をしばき隊が独占することは、彼らに支配の道具を与えることに等しい。規制法案（人種差別撤廃施策推進法案）はまだ民主党などが国会に提出したばかりで、自民と公明は反対であり、成立の見込みは立ってないのだが、しばき隊は、もうすでに法が制定されたかのような態度で、「ヘイト」や「ヘイトスピーチ」の語を振り回し、論敵攻撃の武器にして活用している。自分たちが規制法を推進してきた主力だから、解釈も運用も自分たちに権限があると言わんばかりに、無差別に「ヘイト」のレッテルを貼り、「レイシスト」に認定している。

規制法が施行されることへの私の不安は、ネットの中で表現の自由が奪われることであり、前門の虎であるリアルの国家権力（安倍晋三）がそれをする前に、後門の狼のバーチャルの国家権力（しばき隊）がそれをすることである。

今日、国民一人一人の言論の自由と表現の自由はネットの中で行使されている。市民はネットの中に言論と表現の場を持ち、実名であれ匿名であれ、平穏な空間でのびのびとした自由を享受し、個性を発現している。他者や仲間とコミュニケーションして、情報や意見を交換し、人格を膨らませ、ささやかな人生を積み上げている。ネットでの言論と表現の活動は、この国で生きる個々にとってかけがえのない大切なもので、憲法がよく適用され人権が保障されなくてはいけないものだ。

しかしながら、しばき隊は、ネット社会に日本国憲法の適用を認めず、立憲主義を認めないのであり、彼らが正義とするルールを押しつけ、彼らに服従せず抵抗する者を「レイシスト」にして私刑するである。しばき隊が右からも左からも嫌われている理由は、そのカルト的な独善性にある。在特会の活動が縮小し、マスコミやネットでのビジビリティが減り、逆にしばき隊の横暴と荒みが顕著になるにしたがって、何が「ヘイト」で何が「ヘイトスピーチ」なのか分からなくなってきた。明らかに、しばき隊の跳梁は、「ヘイトスピーチ」の概念をコンフューズさせている。

「ヘイト」の意味が憎悪感情一般を指すものではなく、人種、民族、性などのマイノリティに対する差別に基づく攻撃を指し、マイノリティに対する否定的感情を指すのだというのは、師岡康子が説明するとおりであり、人種差別撤廃条約の文脈から理解されるべきものであることは言うまでもない。

ただし、英語の「ヘイト」は日本語に直訳すれば「憎悪」であり、これまで日本社会の中で、民族や性などでの差別や偏見について、それを「ヘイト」の語を用いて批判するという習慣や用法がなく、新たに輸入語として概念を定着させていこうとする以上、そこに英語の原義が絡み、馴染みにくさの抵抗が出て、紆余曲折が生じるのは当然のことだろう。在特会という反社会的存在があったからこそ、ＮＨＫが宣伝の主導役となって、「ヘイト」の語は2年をかけて師岡康子的な意味に固まって日常語になりかけていた。

だが、公共悪である在特会のビジビリティが小さくなると、その語の説得力が小さくなるのである。そして、ネットの中で「ヘイト」の語を担ぎ、それを錦の御旗の如く使い回し、自分たちの暴力を正当化するしばき隊の悪事と弊害が大きくなると、「ヘイト」の語のイデオロギー性が露わになり、「ヘイト」と「レイシズム」の概念が混乱へと導かれるのである。ネット社会は日本語の訓練と陶冶の場だ。日本語の一つ一つの意味が、固まったり揺れたり変質したりする場である。

今、「ヘイト」の概念は試練を迎えている。

さて、しばき隊を研究する上での第二の問題である、在日の政治について論じないといけないが、なかなか勇気の要る挑戦だ。さしあたって、私が気になっている言葉は、寺島実郎が北朝鮮を指して言うときに使う「冷戦の孤児」という言葉である。どういう人たちが野間易通の周辺に集まっているのか、興味深く観察しながら、思い至ったのは寺島実郎の言葉であった。この問題については、長くなるので、稿をあらためて論じることにする。

ただ、しばき隊と民族差別という問題を考えながら、ふと思ったのは、これ以上、しばき隊の横暴が甚だしくなり、見境なく市民を攻撃して人権侵害の事件が続くようになると、日本のマジョリティである保守層が反発し、ナショナリズム（日本主義）の方向に牽引され、あの恐ろしく毒々しい自民党の憲法草案ですら、何か共鳴を覚えてくる部分が増えるのではないかということだった。

70年代、子どもの頃だが、西日本の片田舎に暮らしながら、目撃して記憶している事実を率直に言うと、部落解放同盟の傍若無人ぶりへの反発は左右を超えて大きかった。暴力を政治の手段に使い、自治体行政と土木工事利権を壟断し、地域社会を恣に支配していたその勢力に対する住民の嫌悪と鬱懐は小さくなく、そのことが社会党の信頼失墜と党勢低迷にも繋がっていた。そしてまた、ひそひそ話での差別を助長する結果に繋がっていた。

しばき隊の独善と暴走は、在日への差別をやめさせるという結果に導かず、逆の結果になるのではないかと危惧する。

（15年12月5日）

第3章

SEALDsをめぐる知識人の動き

憲法９条改憲派で奥田らの師匠＝高橋源一郎

1　岸内閣を倒した60年安保
――突如として起きた市民の大爆発（丸山真男）

１９６０年６月15日、いわゆる60年安保のとき、国会周辺を埋めたデモ隊の数は、主催者発表で33万人、警視庁発表で13万人だったとされている。言うまでもなく、史上空前の規模の市民の抗議行動であり、戦後における最大の反政府運動である。死者１名、重傷者43名、逮捕者１８２名を出した激しい衝突の４日後、６月19日に安保条約は自然成立となったが、予定していたアイゼンハワーの来日は延期となり、岸信介は混乱の責任をとる形で６月23日に退陣を表明した。このとき、朝日の世論調査では岸内閣の支持率は12％まで落ち込み、ＮＨＫの世論調査でも17％にまで落ちている。その１か月前の５月19日深夜、右翼と警官隊を導入しての強行採決で安保承認に及んだとき、岸信介は、１か月後に退陣する羽目になるとは予想していない。

６月15日と６月18日、数十万の市民が国会を取り巻いて騒然とする中、岸信介は陸上自衛隊による武力鎮圧を要請する。実現していれば、戦後初めての自衛隊による治安維持出動となっていたが、国家公安委員長と防衛庁長官に反対されて頓挫した。ここで岸信介の命運が尽き、内閣総辞職の決断となる。岸信介の退陣が、アイク来日の中止を契機とする政治であったことは間違いない。つまり、米国政府に見放されたのだ。アイクが6月19日の来日を断念したのは、33万人のデモ隊に恐れをなしたからであり、来日強行によって暴動と内乱に発展する事態を避けたからである。

その少し前、6月10日には、アイク夫妻訪日の準備調整のために羽田に飛んできたハガチーが、空港から車に乗って出た途端、2万人のデモ隊に路上で取り囲まれ、米海兵隊のヘリで脱出して立川基地から逃げ帰る騒動が起きていた。この事件についてのハガチーからの直接報告と、6月15日の空前のデモと流血があり、アイゼンハワーが情勢を憂慮して来日を取りやめたことは十分に窺える。おそらく、岸信介の進退も何らか米政府の判断と意向が関わっていたのだろう。

そのちょうど2か月前、1960年4月18日、李承晩の退陣を要求する大規模なデモがソウルで発生、翌19日にはデモが暴動化して戒厳令が敷かれ、4月27日には李承晩が退陣表明してハワイに亡命するという政変が韓国で起きていた。死者186名。韓国では「4月革命」と呼ばれている。李承晩の退陣に米国の関与を探るのはたやすい。

東西冷戦が頂点にあった時期、自由と民主主義の看板を掲げて共産主義陣営と対峙する米国は、極東のテリトリーを安んじるべく慎重な舵取りで事態に対処しなくてはならなかった。要するに、岸信介は米国に引導を渡されたのであり、「4月革命」の日本版を恐れ、極東全体の動揺を恐れた米国が、素早く手を打って混乱の原因を除去したのだ。もし、右翼の岸信介を切除しなければ、本当に自衛隊に治安出動させ、数千人の流血となり、憲法は停止、国内は内乱状態に至っただろう。

手元に講談社が1991年に刊行した『日本全史』があるので、1960年の年表記事から6月15日の激動の状況を紹介しよう。

「安保条約反対を叫ぶ全学連主流派が国会に乱入、警官隊と激しく衝突し、東京大学文学部国史学科の学生樺美智子さん（22）が警官隊との衝突のなかで殺された。この日の午前中、総評・中立系労組111組合590万人が参加した第2波実力行使が行われたが、大きな混乱は起こらなかった。ところが、夕方になって事態は急展開を見せる。午後5時20分ごろ、参議院第2通用門付近にいた全学連反主流派と労組、新劇人などのデモ隊に対して、右翼の児玉誉士夫率いる維新行動隊が突入したのである。行動隊は女性参加者の多いデモ隊を狙って襲いかかった。しかし、警官隊は右翼の行動を静観した。一方、この日約8000人を動員して国会へのデモを行っていた全学連主流派は、右翼による暴行事件発生の知らせを国会南通用門付近で聞き、5時50分、国会への突入を開始した。警備に当たっていた警官隊は放水車2台で学生に応戦し、約20分に及ぶ攻防戦の結果、一度は学生を構外に追い出した。しかし再び衝突が起こり、7時20分、約4000人が国会内に突入した。学生は中庭を占拠し、警察に対する抗議集会を開くなど気勢を上げた。しかし、午後10時7分、実力排除を開始した警官隊は、逃げる学生を後ろから警棒で乱打し、わずか10分ほどで全員を外に押し出した」。

「降りしきる雨で足をとられる負傷者を手当たり次第に捕まえ、救急車で応急手当をしたのち、護送車に送って逮捕していった。門外に押し出されたデモ隊には再突入の力はもはやなく、一部が装甲車数台に放火しようとしたほかは、ただ国会を取り囲むのみだった。ところが16日未明、警官隊はさらに催涙弾を発射し、警棒を持ってこれらの人々に襲いかかったのである。このときの様子は、『警官隊によっていま、……首を摑まれております。いま実況放送中でありますが、警官隊が私の顔を殴りました』というラジオ関東の島碩弥アナウンサーの叫びによって生々しく伝えられる。（略）樺美智子さんが死亡したのは7時10分か15分ごろと推定される。家族の希望で解剖を行った医師は、『眼にひどいうっ血があった。これは首を強くしめつけられたため。ひどいすい臓出血は上から踏みつけられたもの』と述べ、警官隊の暴行による死亡を示唆した」（P1119）。

5月19日夜の強行採決のとき、自民党は議員秘書の名義を入れ替え、総勢600名の「秘書団」を暴力団員で編成し、本会議場前でスクラムを組んで採決に抵抗していた社会党議員団を警官隊と共に強制排除するのだが、その件が小熊英二の『民主と愛国』に生々しく登場する（P507）。右翼・暴力団の動員を差配したのは岸信介で、満州で一緒に阿片を売り、巣鴨で一緒に臭い飯を食った盟友のために獅子奮迅の働きをしたのは児玉誉士夫だった。

60年安保を回顧して、死の間際の1995年、丸山真男は『世界』の誌面インタビューでこう語っている。

「ふつう、大衆運動が盛り上がっていった頂点に60年安保があったというふうに考えられがちですけれど、そうではない。突如としてあの大爆発になった。（略）5月19日の強行採決によって突然大爆発が起きた。（略）あの強行採決は、僕にとってももちろん予測外のことで、びっくりしました。（略）6月15日には、全学連のアイク反対デモがあって、あの時は大勢の学生が行った。実際は講義はずっとやっていたんですけれども、みんなデモに行っちゃうものですから、出席する学生が激減しました。だから（療養中と外遊のときを除くと）60年だけは、僕の演習がないんです。何しろ全学連主導ですから、警察官との衝突など、どういう事態になるかわからないというので、教官の中で分担を決めて、僕は留守部隊になったのです。だから当日は国会前に行っていない。その時は石井照久学部長がいましたから、石井さんとずいぶんいろいろな突っ込んだ話をしました。たとえば自衛隊が出てきたらどうするかとか、緊急事態というので、岸内閣ではどういう措置をするかわからない、その時どうするかというようなことを話しました。そして樺美智子さんが死んだのです。その翌日、樺さんの死亡のショックから、18番教室で全学の教官集会があって、当然、茅（誠司総長）さんが出てきました」。

「今回の強行採決以来、学生に対してもっぱら軽挙妄動を戒めるということしか言わなかったのがこういう事態を招いたということと、樺さんが亡くなった責任をどうとるのかと、福武直君その他が痛烈に茅さんを弾劾しました。翌日ですから、ちょっと昂奮ぎみで、そのときは西洋史の堀米庸三さんも、文学部を代表して樺さんを悼み、かつかなり激しい機動隊批判をやったように憶えています。茅さんは終始受け身で、申し訳なかった、というようなことばかり言っていました。しかし、まだ運動は続いているわけです。なにしろ、国会の周辺は毎日毎日何十万という市民でしょう。いま、ああいう事態というのは、ちょっと考えられないですね。正直言って、よくあれだけ、どこからも動員されないで、自然に集まったものだと思います」（第15巻Ｐ３３７〜３４０）。

市民のデモによって時の政権が打倒された例というのは、この国では戦後70年の歴史で一度きりで、１９６０年の岸内閣のときだけだ。今、誰もがひそかに思いをめぐらせ、声に出さぬまま息を詰めて期待しているのは、今回の安保法制への反対運動が、果たして55年前のような爆発的なデモに発展するかということであり、願わくばその再来となり、安倍晋三が退陣に追い込まれることだろう。そうした市民革命の奇跡が起きないと、安保法案が廃案になるドラマはない。数十万の市民が国会と官邸を埋め、マスコミも法案撤回を求め、与党が割れ、米国が譲歩する進行になれば、安倍晋三の退陣と廃案が一挙に実現する。

60年安保の歴史というのは、総じてこの30年、この国ではネガティブに語られることが多く、積極的な光が当てられて正面から説明されるということがなかった。そのイメージは、まさに「戦後民主主義」が蒙った運命と同じで、右からも左からも叩かれ、貶められ、ダサイという侮蔑と否定の言葉で決めつけられ、矮小化されるに任されていた感がある。私はそのことをとても怪訝に思い、不思議にかつ不愉快に思う。フランス人がフランス革命をそのように言うだろうか。米国人が独立革命をそのように語ることがあるだろうか。どう考えても、60年安保は日本の堂々たる市民革命であり、その後にこの国に生まれ育った者に大きな恩恵を与えている。われわれは恩恵に気づくのがあまりに遅すぎたと、私は率直にそう思う。当時の日本人は偉大で、今よりも市民としてずっと賢明で、素朴で純粋で、権利を摑むためには闘争が必要であること、民主主義とは運動であることを理解していた。

安保法案が成り、戦争が始まり、この国は滅び、自分も命を落とすことになるかもしれない。一人の個人として法案反対の運動に加わるとき、その動機があるとすれば、正直なところ、それは、子や孫のためとか、日本の将来のためとか、未来への責任を果たすためとかいうものではない。秘密保護法案のとき、デモに出るときに自分に言い聞かせたような、デモに出ておかないと後悔するからとか、そんな気持ちや言い草も全くない。ニヒリズムかもしれないが、希望や責任が動機づけにならない。

動機づけになるのは、過去の人々に感謝をささげ、礼を返すということだけである。私の場合はそうだ。本当にありがたかったと思う。岸内閣を倒してくれてありがとうと、ただそれだけだ。

（15年6月17日）

2　説得力がなかった「学者の会」
——60年安保の丸山真男の演説との違い

今回の法案反対運動には、本当に言葉がなかった。憲法学者を例外として、心に残る言葉、心を動かした言葉がない。この人の、この日の、この集会での、この言葉という、歴史に残る、後世に感動が伝えられるものが一つでもあっただろうか。SEALDsの集会には、内田樹をはじめ、錚々たる顔ぶれの大学教授たちが出揃ってマイクを握り、その様子はネット動画でアップされ、東京新聞や朝日新聞の紙面でも多く紹介されていたが、印象に残ったものが何一つない。心を揺さぶる渾身のアジテーションがない。シェイエスの『第三階級とは何か』とか、ウェーバーの『職業としての政治』とか、リンカーンやキング牧師の演説のような、中身のある格調高い弁論あるいは文章がなかった。そんなことはないと言われる方は、一つでもよいから反証のサンプルを挙げていただきたいと思う。

60年安保のときは言葉があった。清水幾太郎、日高六郎、竹内好、鶴見俊輔らが活発に言葉を発し、現状分析と行動提起の言論で人を動かしたことは言うまでもないが、とりわけ、60年安保を戦後民主主義の歴史として意味づける知の遺産として、丸山真男の『選択のとき』と『復初の説』がある。

日本政治学の不朽の古典になっている。『選択のとき』は、1960年5月24日に神田の教育会館で行われた学者文化人集会での講演であり、『復初の説』は、6月12日に行われた憲法研究会での講演の記録だ。

「言葉がない」「言葉がない」と、私は言い続けたが、「言葉がない」という意味は、実は言葉を与えて人を動かす知識人がいないという真実を意味している。言葉を持った人がおらず、言葉を期待する人がいない。SEALDsの集会でマイクを持った一人一人、新聞に寄稿した一人一人は、それなりに準備して原稿を練り、運動のモメンタム増大に寄与すべく言葉を構成したことだろう。しかし、残念ながら何も記憶に残っておらず、この人のこの言葉で運動が盛り上がったとか、感動と共鳴が広がってデモの動員数を増やす要因になったというものがない。マイクを握った名士と碩学たちは、集会参加者の意思や心情をよく代弁していたとは言えないし、例えば山城博治のような、聞く者の心を高揚させる、熱のこもったアジテーションのハプンもなかった。この情景は、60年安保のときとは明らかに違うものだ。知識人がいないのであり、知識人として期待される者がおらず、マイクを握った者が言葉を発する前に、すでに評価が（消極的に）決まっていて、感動する感動させるという関係性が前提されておらず、言葉が流れても心が向かないのである。具体的には、山口二郎がそうだし、内田樹や佐藤学もそうだろう。今の政治的現実を作り出したのは山口二郎の「政治改革」による。民主党の顧問を続け、消費税増税を牽引した山口二郎のことを、デモの参加者はよく知っている。

そんな山口二郎が何かを言っても、それに積極的に頷いて手を叩く者が少ないのは当然のことだ。60年安保の頃と違って、今の有名な大学教授たちは知識人ではなく、簡単に言えば〝マスコミ芸人〟の範疇にすぎない。姜尚中がテレビで何かを言っても、それは、太田光やビートたけしが何かを言ったのと同じ言論の質量でしかなく、軽薄な雑談の説教・小咄でしかなく、右から左へと吹けば飛ぶように流れてしまう。山口二郎はそんな範疇だ。政治学者と言うよりも、マスコミで顔の売れている政治評論家である。内田樹も同じで、「げんこだん」とか、新幹線移動のご自慢ネタの方が、むしろ聴衆や読者との関係性の主たるところとなっている。タレント文化人。論壇ビジネスエリート。マスコミと論壇で活躍して、左翼リベラルの消費者に反政府言論の商品を供給する優秀な売れっ子芸人。「人の心を動かす」とか、そういう精神の熱さと重さが問われる、ヘビーデューティな使命や任務をよくできる人ではないし、本人もそんな大仰な仕事は考えたこともなく得意ではないだろう。

今の日本の文化人からは、戦後知識人のような主体の倫理や責任や決意の契機が消えていて、それがまさに脱構築主義の神髄であり、軽薄短小のお気楽モードが特徴なのだけれど、そうした文化性と思想性に支配された空間では、「政治を動かすために人を動かす」という現象が起きにくい。スピーチする著名文化人の言葉が軽く、右から左へ流れて抜けてしまう。

コントラストの材料として、日高六郎が、60年安保と丸山真男を回顧して書いている部分を引用しょう。

「私たちは、5月24日に、日本教育会館（日教組本部）のホールで（略）学者や研究者を中心とした安保問題についての集会を予定していました。しかし、すぐこれを、19日の事態（註：強行採決）に対する緊急会議に切りかえることにします。その集会で丸山さんに発言してもらおう。私は世話人の集まりでそのことを提案します。みな、丸山さんに期待しました。私は夜、丸山さんに電話をしました。5月24日の集会で発言してほしい。安保改定問題については、あなたは一般の集会ではまだ何も話していない。みな期待している、と切り出しました。彼はすぐには答えず、国会の状況、政党や政治家の動き、運動の問題点、今後の見通しなどについて、私の考えを聞いたり、ご自分の意見を述べたりでした。（略）一時間ほどの電話の長話のあとで、引き受けようということになったのです。（略）5月24日の午後、丸山さんが登壇すると、すごい拍手、そして一語も聞き漏らすまいという静寂です。この聴衆の動と静が繰り返されます。最後に大きな拍手（略）。近代市民は衆議・討論のなかで生まれるという丸山さんの持論を、丸山さん自身、実演しました。『精神的貴族主義』の矜持と『ラディカルな民主主義』の実行。学者と市民、そして思想家と名優が登場した感じです。その迫力は圧倒的でした」（『同時代人丸山真男を語る』世織書房P77〜78）。

「丸山さんは肝心のとき、一歩踏み切る決断力があったと思います。平和問題談話会にあれほどのエネルギーを傾けたのはなぜか。破防法案上程の際、東大の教官有志の会に出席して、破防法の本質を解明する役を引き受けたのはなぜか。あるいは後に憲法問題研究会のメンバーとして、たとえば憲法９条問題について、あれほど質の高い報告をしたのはなぜか、などを考えると、それは戦争で生き残った人間として、それらのことをしないではすまないという、内面的な衝迫があったことは疑えないところだと思います。（略）ともかく多くの人々は丸山さんを求めていたのです」（同Ｐ79～80）。

今回の政治戦での山口二郎や内田樹や上野千鶴子の言葉と、60年安保のときの丸山真男の演説との彼我を思い知る必要があるだろう。「多くの人々は丸山さんを求めていたのです」という日高六郎の証言がまさにキーポイントだ。そこには、丸山真男の言葉に対する熱い期待と、そして期待どおりの言葉を発するカリスマの丸山真男の実力があった。こうして言葉によって人々が奮い立ち、運動が盛り上がった末に、主催者発表30万人（警察発表15万人）の爆発的デモが起きているのである。

日高六郎はこう書いている。

「未知の丸山真男の名前をはじめて知ったのは、雑誌『世界』の１９４６年の5月号に掲載された『超国家主義の論理と心理』の執筆者としてでした。あの文章は、敗戦後の私にとっては、ひとつの精神的大事件でした。読み終わったときの強烈な感動！」

「それは戦前・戦中の日本人の大半を縛りつけていた絶対天皇制についての、これ以上考えられないほどに見事な分析・批判でした。（略）ともあれその日から、私にとって丸山真男の名は、最も気になる存在となりました」（同Ｐ43～44）。

こういう前提があり、日高六郎は丸山真男を一世一代の大舞台に引っ張り出し、渾身の演説をさせた。今回のＳＥＡＬＤｓ運動と「学者の会」の動きを復習したとき、日高六郎と丸山真男の関係と同じものがない。丸山真男に当たる人物がいない。だから、法案に反対して運動した人々の心に残る演説がなかった。

私は、18年くらい前からアカデミー批判をやっている。自慢話のようで恐縮だが、マスコミ批判とアカデミー批判の両方を同時に始めた。「今のマスコミとアカデミーはだめだ」という調子で。18年前、ネットがブロードバンド化する前だが、当時は、マスコミ批判を煩く言う人間はあまりいなかった。マスコミ報道にまだ一般的な信用があり、マスコミ批判の言論は希少だった。小泉政権の頃から様子が変わり、10年前、２００５年にはマスコミ批判はネットではポピュラーな言論になった。５年前の２０１０年にはマスコミ叩きをしない者はいなくなった。今や、マスコミ叩きはデフォルトである。

一方、アカデミー批判の方は、18年前と今と較べて、特に大きな変化はない。人々は未だにアカデミーを信頼し、大学教授の肩書きを信用している。アカデミーの人間のブランド価値を認めていて、タレント化した大学教授に権威を認めている。

だが、あと5年、あと10年すれば、アカデミー批判もマスコミ批判と同じような位置になるだろう。デフォルトで信用されない眉唾の存在になるだろう。霞ヶ関の官僚と同じように。私はそう確信する。

最後に、「学者の会」に尋ねたいが、今後の活動方針として、ＳＥＡＬＤｓの落選運動はどう実現する気なのだろうか。ＳＥＡＬＤｓの落選運動は、共産党の「国民連合政府」の構想と軌を一にしたもので、ＳＥＡＬＤｓハンドラーズが裏で仕掛けたものだ。「学者の会」には多様な政治的立場の人間がいて、共産党からは距離を置き、民主党支持という者も少なくないだろう。民主党が共産党の提案に乗る可能性は小さく、共産党主導の動きで野党再編をキャリーするのは容易ではあるまい。民主党と連合の中には反共の者が多く、共産党主導の再編には生理的に警戒する。「学者の会」は、この共産党の動きにコミットするのだろうか。それとも、別の落選運動のアイディアがあるのだろうか。

（15年10月２日）

３　水野誠一の辺見庸批判と丸山真男の「つぎつぎになりゆくいきほひ」

辺見庸による日記でのＳＥＡＬＤｓ運動への批判に対して、10月２日に水野誠一がTwitterで罵倒する一幕があった。その中に、「時代の変化に着いていけない焦りなのか」という一節があり、気になった。同じような口上での辺見庸へのこきおろしはTwitterの中に溢れている。辺見庸の発言に対して、支持や理解の声はほとんどなく、悪意に満ちた誹謗中傷ばかりが目立つが、そうした左翼リベラルの反応に共通した傾向が、水野誠一的な「辺見庸は時代遅れ」というレッテル貼りの排斥手法である。

古い時代の価値観（イデオロギー）にしがみついていて脱皮しないから、そのような古い時代に拘った偏屈な態度になるのだという切り捨てだ。ここには、自分たちは時代の波に乗っているという自覚がある。ＳＥＡＬＤｓ運動を絶賛している自分たちが時代の主流であるという自意識があり、今回の政治の結果を民主主義の輝かしい勝利だとする自分たちの立場に絶対の自信を持っている様子が窺い取れる。水野誠一は辺見庸とほぼ同世代。同じように戦後の政治を見てきた同世代として、水野誠一からは辺見庸が古臭い過去の遺物に見え、70年代的な古代左翼のシーラカンスに映るのだろう。確かに、辺見庸の表象にはそういう一面があって、辺見庸を叩くときはこの種の悪口が効果的だという事情はある。辺見庸のハプニングから1週間が経った。

辺見庸叩きの罵詈雑言のTweet群を眺めたとき、早い時期に出た幾つかは、痛いところを痛い人間に衝かれたため、影響の拡大を恐れて放置できず、すぐに罵倒を浴びせて初期消火しようという、ＳＥＡＬＤｓ運動の中枢からの政治的動機の反撃だった。その扇動に従って左翼リベラルの個々が炎上工作にラッシュしたわけだが、辺見庸を血祭りに上げて粉砕するトラブルシューティングが成功した後、後半に出てきた水野誠一の発言などは、政治的な作戦動機からの参加というよりも、本人の感想がそのまま流出した性格が強い。つまり、水野誠一は辺見庸の問題提起に対して「痛いところを衝かれた」という感覚はないのである。ＳＥＡＬＤｓ運動の本質的矛盾を暴露されたとか、急所を言い当てられたとか、そういう意識がないのだ。

私の見たところ、水野誠一はきわめて楽観的で、ＳＥＡＬＤｓ運動が日本の民主主義を新しい段階に発展させたと本気で信じていて、「学者の会」が世間に撒いているところの、独りよがりの開き直りの言説を真に受けている。政治戦に負けたのに勝ったと言って陣営を騙して宥める、奇妙な屁理屈の欺瞞を寸毫も疑っていない。こうした水野誠一の楽観的な態度が意味するのは何か、われわれが想起しなくてはいけないのは、丸山真男が古層論で基底範疇として示した「つぎつぎになりゆくいきほひ」の問題だろう。日本人の思考パターンとして丸山真男が反省的に析出した基底範疇。

新しい流行現象を頭から全面肯定する。今（いま）が価値の中心で、現在から将来への流れとエネルギーで全ての意味を正当化し絶対化する。現在と対立する過去を無前提に否定する。過去が基準にならない。聖書のような価値的基準と精神的原点を過去に持たず、過去の原理や規範から現在の状況の当否や善悪を検査しない。歴史に積み重ねがなく、思想が経験的資産として蓄積されず、常に過去をリセットして生まれた現在があり、現在が真善美の体現者として丸ごと肯定され、眼前の状況から将来の方向が決めつけられ普遍化される。

水野誠一の周囲はＳＥＡＬＤｓ運動の賛美者ばかりで、自らが身を置く左翼リベラルの多数が異口同音にそう言うから、ＳＥＡＬＤｓ出現以降の日本は民主主義が質的に向上した世界であり、市民がデモを日常化したところの、欧米的な高度な主権者意識の社会に生まれ変わった姿なのだろう。どれもこれも調子のいい幻想の言説だが、東京新聞だけでなく朝日と毎日がそう書き、テレ朝とTBSの報道番組がずっとその言論で埋めれば、左翼リベラルが物語を信じ込み、SEALDsが「新しい民主主義」の地平を開拓して未来は明るいという観念を持っても不思議ではない。水野誠一から見て、辺見庸は旧態依然の古い左翼で、古い思想的習性の殻を脱げず現在を肯定できない化石なのだ。

だが、私から見ると、正確で理性的な判断基準はむしろ辺見庸の方にあり、新しい流行現象を嬉々として礼賛している左翼リベラルの方が、丸山真男の基底範疇の政治理論で相対化される無自覚で軽薄な存在のように見える。日本人の思考パターンの限界性をそこに発見する。果たして、今回の安保法の政治の経験を通して、日本の民主主義は発達や成熟を遂げたのだろうか。成果を得たのだろうか。私には、1930年代のドイツと同様、日本の民主主義は完全に死滅に追いやられ、ファシズムが完全勝利の凱歌を上げたようにしか見えない。後々の歴史で2015年はそう記述され、惨めな敗北史として語られるに違いない。この敗北が何を意味し、何を招来するのか、水野誠一と左翼リベラルは真剣に考えたことがあるのだろうか。

戦争が始まる。自衛隊が海外で戦争を始める。中国と戦端を開けば、日本国内が戦場になり、悲惨な戦禍がもたらされる。シリアのような地獄が現実になる。まだ生まれてない者もいるのだ。これから生まれる者もいるのだ。新しく命を得てこの地で生きる者たちに、われわれはどれほど言い訳できない罪を犯してしまったことか。そのことを正しく考えたとき、シールズ音頭で万歳万歳と、「デモ＝民主主義」祭りで浮かれ踊ることがどれほど愚かなことだろうか。歴史的な敗北の真実に素直に向き合えば、失意と絶望に苦悩する態度こそが当然で、人間の精神として自然で健全だと私は思う。

民主が、共産の「国民連合政府」の選挙共闘に応じないのはなぜなのか。それは、その戦略が党利党略だと見切っているからだ。「法案に反対する国民の意思」を表看板にして正当性を細工したところの、巧妙な党利党略であり、敗北の総括を逃げて目眩ましするために準備した政治戦術のネタだと正体を見抜いているからだ。

敗北の総括から注目を外すことが真の目的だから、２か月ほどの賞味期限の政治であり、すぐに焦点がボケて成否の関心が薄まってゆく議論になる。国民は忘れやすい。賛否の論議で大きく揺れた昨年７月の集団的自衛権の閣議決定さえ、半年後の総選挙で争点にならなかった。１年前の秘密保護法は話題にすらならなかった。この安保法の政治戦のため、２人の日本人が殺されたイスラム国事件ですら遠い記憶になりつつある。

これから辺野古の政治が強烈に割り込み、安保法以上の衝撃の結果となったとき、果たしてＳＥＡＬＤｓ運動の記憶と評価はどうなっていて、共産の「国民連合政府」はどうなっていることだろう。その間にも、民主と維新の政策調整があり、大阪府市のダブル選挙の日程がある。予想としては、半年経てば、安保法への関心（すなわち廃止要求）の比重は個々の意識の中で小さくなり、安保法廃止の一致点で全野党が纏まって、選挙の争点にして戦うという進行は難しくなるだろう。各党に政策があり、各党に事情がある。

小沢一郎の「オリーブの木構想」は、共産の提案と同じ中身ではなく、もっと政策を曖昧にしたものだ。政策の一致を曖昧にして、とにかく自公に対抗する統一候補を立てようというのが小沢一郎の考え方で、それは中身を煎じ詰めれば、その統一候補は民主と維新が主導で立てるものであり、共産は後から票だけ黙って加算せよという形になるものである。政局オリエンテッドの発想だ。この構想はマスコミや保守派から「数合わせの野合」の批判を受けやすく、マスコミで異端処分されて排除されている小沢一郎のマイナスイメージからして、国民世論で多数の支持を受けることは相当難しい。

選挙は基本的に政策を争うものであり、テレビ討論は必ず政策のディベートになるから、野党全体が安保法廃止で一致と言っても、集団的自衛権の立場はどうだとか、憲法改正はどうなのだという議論に必ず突っ込まれる。ＴＰＰはどうなのだという議論にもなるだろう。集団的自衛権と憲法改正において、対立軸で二つに分かれる構図は、賛成派の自民・公明・民主（維新）・生活と、反対派の共産・社民である。残念ながら、自民・公明と民主（維新）の間で線は引かれない。安倍晋三は、参院選の争点を憲法改正にする思惑であり、今後半年間、マスコミはその議論を立ち起こして世論の関心を高めてゆくだろう。

考えなくてはいけないことは、2010年の参院選、2012年の衆院選、2013年の参院選、2014年の衆院選と、ずっと自公が勝ち続け、民主が負け続けている理由は、自公と民主の政策が同じだからだという真相だ。政策が同じだから選びようがなく、低投票率にしかならないのである。


共産が民主を応援して選挙共闘で勝つという想定は、SEALDs運動で気分が盛り上がっている今の左翼リベラルにはリアルな絵かもしれないが、私から見れば、選挙まであまりに時間がありすぎ、今の空気と意思が持続できるとは思えない。つぎつぎになりゆくいきほひ。基底範疇が選挙の意識の前提となる。TPPが入り、辺野古が入りという状況の変化の中で、安保法への関心（廃止要求）は相対化され、野党がバラバラだという真実が浮かび上がる。

選挙で自公に勝つためには、唯一、何度も言うように新党で戦うしかなく、既成政党とは無関係な新党が立ち上がってブームを起こせば、安保法以外の政策が争点になっても、どんな争点でも安倍晋三に勝つことができるだろう。ただし、そうした新党を作ることは、国会前のデモで決壊の絵を作ることよりも難しいチャレンジなのだ。作ることができたのは、戦争法阻止の気運が高まった7月がベストの時機だった。

（15年10月5日）

4　誰が9条改正を阻止してきたのか
――この国の護憲派と改憲派の論争の真実

こんな内容のメールが届いた。

「自分も烏合の衆に成り下がってしまっていたことに気づいておりませんでした。一番大事なことは憲法9条の理念なのに、多くの言説と一緒にＳＥＡＬＤｓを新しい動きとして肯定していたのですが、貴方のおっしゃる通り運動体としては間違いなく失敗してるし、反省も無い。9条の本質を見ていなかった自分の浅はかさを今回の新9条の批判解説で理解できました。目を覚まさせていただきありがとうございます」。

烏合の衆というか、付和雷同型の人間が本当に多くなっていて、踏み止まって理性的に思考する人間が少なくなった。スマホとＳＮＳの普及と習慣がその状況に拍車をかけている。Twitter のRe Tweet 数やFacebook のLike 数の多さがその主張の価値や優劣の基準になっていて、ＳＮＳの数のゲームの勢いに乗らないと孤立と不安を感じる世の中になっている。

かつて、筑紫哲也は『ＮＥＷＳ23』で「少数派になることを恐れるな」と言ったが、ＳＮＳの群れの中で少数派になることを恐れず、勇気を出して正論の立地に踏ん張ることは本当に難しい時代になった。プラトンとアリストテレスが説いたように、民主政（Democratia）とは常に衆愚政（Ochlocratia）でもある。ＳＮＳへの依存を深める言論状況は、日々、確実に人を無思考にさせ、衆愚的惰性の度を強めさせ、安易なブランド信仰や徒党の暴力と威圧への恐怖が全体を支配する傾向を強めている。

想田和弘らの「新9条」論の扇動に対しては、少しずつ批判が広がっているようだ。今年は戦後70年で、8月には多くのテレビ番組の特集が組まれた。皇后陛下が誕生日の所感で、あらためて戦争についての知識を深め、当時の日本と世界について学んだと述べているけれど、私もまた、戦争と9条についてあらためて思い直すことがあった。

それは、憲法9条を守り支えているのは、社会全体の階層の下の部分に属する無名の人々だという確信だ。上に行けば行くほど、憲法9条は変えた方がいいという明文改憲を主張する者が多くなる。これまでは、世代的に高齢者に護憲が多く、若者ほど改憲が多いという図式が私の見方だった。もう一つの真実がある。下に位置する庶民ほど、すなわち戦争になったときに犠牲になる確率の高い弱者ほど、いわば動物本能的にその危険を悟り、「平和に生きる権利」「政府に戦争させない権利」を保障した9条を懸命に固守しようとする。社会階層の上に立つエリートほど、国家の安保責任の論理と心理の高みから、9条をお花畑の絵空事だと貶下し、個別的自衛権の容認を当然視する。9条の理念を、国家や社会に無責任な愚衆のナイーブな妄想だと切り捨てる。この傾向は間違いなく看取できよう。東京新聞が「新9条」を打ち出した後の言論動向を見たとき、反対の声を上げているのは無名の者ばかりだ。大学教授とか新聞記者などのブランド文化人がいない。

戦後70年の夏のテレビ報道で感銘を受けたのは、幼い頃に戦争を経験して、親を失い、身体に傷を受け、逆境の苦しみの中で70年間を生き抜いてきた者たちの証言だった。特にTBSが取材して重い口を開いた人々。「戦争というものは口で言うても分からん」と綾瀬はるかに言った広島の女性。東京大空襲で顔に火傷を負い、「これで70年生きられますか」と語った男性。一人一人の言葉と人生が凄絶で、思い出して表現するのも容易でない圧倒的に強烈な映像。彼らの願いこそ、二度と戦争をしないことであり、平和憲法を守ることである。

そうなのだ。それが真実なのだ。とても単純なことだけれど、そういうことなのであり、それが日本の戦後70年の事実なのだ。こういう人たちがいて、社会の底辺で憲法9条を支え、どんなことがあっても妥協しなかったから、理想論の憲法9条が守られ続け、どれだけ改憲派が上から世論工作の攻勢をかけても変えることができなかったのである。どれほど自衛隊が定着し、日米安保の体制が固まっても、誓いを掲げた憲法9条を否定する流れにはならなかった。

アーミテージは、憲法9条を日米の道を塞ぐバリケードだと言っている。障害物だと言った。道を塞いだバリケードとは、紙に書かれた9条の文言ではなくて、実際には人の意思に他ならない。戦争によって人生を奪われた者たちの痛切な思いが護憲の一線を譲らず、アーミテージらの恣意と野望を自由にさせなかった。

９条改正を唱える改憲派は、右からの者も、左からの者も、同じように、想田和弘のような地位と名望のある者が、訳知り顔で上から説教を垂れてくる。９条は理想だけれど、そろそろ空疎な夢物語にしがみつくのはやめようじゃないかと、護憲派の「無知」を諭して啓蒙してやるような口調で言い、個別的自衛権を明文化した方が解釈の暴走を防げるとか、国民の平和と安全を守る現実的で責任ある方向だとか言う。

子どもの頃から半世紀間、ずっと護憲vs改憲の論争を見てきたが、改憲派の口上と態度は常に同じだった。そこには、護憲派は固陋で幻想に取り憑かれた愚民で、世界の現実から取り残された盲目の孤児であるという決めつけがあり、自分は知識があって国を正しい方向に導く判断力を持ったエリートだという、護憲派を小バカにした視線と自意識があった。そして、論争はいつも新しく装いを凝らして登場する改憲派からの切り出しで始まり、マスコミが世論工作する改憲キャンペーンとして展開し終始した。マスコミが洗脳工作を繰り返すほどに改憲派の数は増え、改憲論のニューフェイスとして活躍した者は業界で出世を遂げて行った。論争は常に改憲派が上から仕掛ける。そして、改憲派の狙いは基本的に９条を改定する攻略だ。今回もそうだ。そうして、護憲派は常に下から無名の者が反発の声を上げて抵抗する。戦争を経験した者が拒否を言い、また、無名の者が戦争被害者の立場を代弁して改憲派を批判する。今回もそうだ。

改憲派は、マスコミという管制高地を押さえていて、好きなときに好きな理屈と役者を準備して作戦を開始する。だから、論争の主導権は常に改憲派が握る構図になる。けれども、70年間、何度も調略を試みながら、最終的に改憲派は護憲派を切り崩せず、国民の多数を説得することに成功しなかった。

今回、想田和弘や東京新聞が始めた策動がどういう結果に終わるのか、それは不明だが、彼らもこの政治戦に本気であり、必ず「新9条」の国民投票で改憲を実現する思惑なのだろう。緒戦の今がこの政治戦の重要な正念場であり、ここで護憲派の反論が弱まれば、機を窺っている者たちが必ず「新9条」支持に出てくる。高橋源一郎とＳＥＡＬＤｓは改憲派であり、想田和弘と同じ9条改正が持論だ。ＳＥＡＬＤｓの後見であるしばき隊も明確な改憲派で、その主張の中身も全く同じだ。小熊英二も同じだろう。民主党の顧問の山口二郎も同じだろう。大江健三郎や澤地久枝がこの9条改正論に靡くとは思えないが、ＳＥＡＬＤｓを絶賛する佐高信はどこかで姿勢を転換しておかしくない。

現在の左翼リベラルの空気は、ＳＥＡＬＤｓ信奉者にあらずんば人にあらずの熱狂状態になっていて、ＳＥＡＬＤｓを神として崇拝し帰依する宗教共同体のごとき環境になっている。ＳＥＡＬＤｓに近い者ほど価値が高く、遠い者ほど価値が低い。ＳＥＡＬＤｓやＳＥＡＬＤｓに近い者への批判や陰口は厳禁で、肯定と賛美しか許されない。ＳＥＡＬＤｓ運動を媒介にして、左翼リベラルが根こそぎ9条改正に頷く可能性は小さくないと危惧する。

一方、共産党の動きの方だが、9月19日の安保法成立の当日に、狙いすましたように「国民連合政府」を打ち上げ、その1か月後、東京新聞が「新9条」を紙面で提案した直後に、日米安保を容認する方針を会見で発表した。「国民連合政府」を実現した暁には、現在の自衛隊と在日米軍の運用を認めると言って本気度をアピールしている。

左翼リベラルでは歓迎一色の空気で懸念は上がってないが、このとき、共産党は日米地位協定をどうするのだろう。オスプレイの飛行訓練や思いやり予算はどうするのだろう。「国民連合政府」を組むときの連立が民主党なら、この問題では相当に隔たりがある。それだけでなく、ＴＰＰの政策も民主党とは１８０度違うし、原発再稼働や消費税増税についても違う。もし、来年（２０１６年）の参院選がダブル選挙となり、仮に「国民連合政府」が実現となったら、２０１７年４月からの消費税増税は認めるのだろうか。

共産党は、安保法全廃以外の政策の違いは横に置くと言っている。しかし、連立政権を組むのなら、これらの政策について横に置くと言うわけにはいかない。当然、民主党の路線に合わせるということになるだろう。選挙が近づけば、それらの具体的な問題についての対応も言わなくてはいけなくなる。予想できるのは、個々の重大な政策項目について、機会を窺いながら共産党が「柔軟路線」の続きを発表することである。例えば、次のタイミングではＴＰＰについて従来の方針の凍結を言う。

さらにその次のタイミングでは原発再稼働について容認を言うという寸法だ。

半年かけて、あらゆる重要政策について方針転換を発表して民主党との一致を宣言、公約し、「国民連合政府」の本気度を高め、抵抗野党から脱皮するというシナリオである。（15年10月23日）

5　辺見庸のインタビューのSEALDs批判とマルクスの『経済学・哲学草稿』

辺見庸のインタビューが、昨日（1／21）の朝日のオピニオン面（15面）に載っていた。SEALDs批判のくだりがあり、次のように言っている。

「あれは『現象』だと思うけれど、ムーブメント（運動）とは考えてません。まだスローガンみたいな言葉しか言えてないじゃないですか。ぼくはそこに何も新しいものを感じない。もっと迂遠で深い思想というか、内面の深いところをえぐるような言葉が必要だと思います」。

「例えば米国や欧州でのサミットに反対するデモは、資本主義のあり方そのものに反対している。（略）日本とは『怒りの強度』が全然違う。なぜ、国会前デモのあとに行儀良く道路の掃除なんかできるんでしょうかね」。

「むしろ現状維持を願っているような感じがしますね」。

「『怒りの芯』がない。それは言葉の芯とともにどこかに消失してしまったんでしょう」。「この社会システムが必要なのは購買者・消費者としての人間であって、怒る人間とか変革する人間ではないということだと思うんです。『人間』を締め出しているというんですかね。疎外ということです」。

ＳＥＡＬＤｓ運動の発する言葉には「怒りの芯」がないと言い、聞く者の内面に響く言葉がなく、体制に順応的だと言っている。これらの指摘は、私が昨年7月からずっと言ってきたことと同じで、共通の認識と主張である。

こうして朝日の紙上で、左翼リベラルに人気のある著名文化人からＳＥＡＬＤｓが批判されるのは、今回が初めてのことだ。朝日はＳＥＡＬＤｓの有力な宣伝機関の一つで、ＳＥＡＬＤｓを美化する言論ばかり撒いてきた。このインタビューは、ＳＥＡＬＤｓ信仰に浸りきった左翼リベラルにとって一つの事件であり、ＳＥＡＬＤｓで商売を回して快調に営業している左翼リベラルの業界を痛打する一撃だろう。影響は小さくないと思われる。

９月末に辺見庸が日記でＳＥＡＬＤｓ批判をやったとき、Twitterの反響は辺見庸への非難一色だった。「読んだら吐きそうになった」「クズじゃん」「劣化したなあ」「晩節を汚したな」「年は取りたくないもんだ」「病気が悪化したのではなかろうか」「時代の変化に着いていけない焦りなのか」、など、辺見庸への罵倒と憎悪で埋め尽くされ、擁護したり共感したりする意見はゼロに等しかった。

ところが今回の反応を見ると、4か月前と較べてずいぶん雰囲気が変わっていて、前向きな感想も幾つかあり、全体として、論評抜きにリンクだけを紹介している者が多い。水野誠一による「時代遅れ」の批判も上がっておらず、4か月の時の流れを感じさせられる。尤も、辺見庸のSEALDｓ批判の言動そのものが、9月のときの辛辣な毒舌とは変わっていて、大手紙のプロトコルに準拠した無害で穏当なものに変わっている。

この辺見庸のSEALDｓ批判を受け、早速、しばき隊が迎撃行動を起こして辺見庸への攻撃を続けているが、市民連合による1人区の「野党共闘」の動きが頓挫して四苦八苦する今、この朝日のインタビューは、SEALDｓとしばき隊にとって泣きっ面に蜂の災難だろう。朝日の思惑の何如という点も深読みして考える必要がある。

時代が変わっているのだから、学生の政治運動のスタイルも変わって当然と言えばそのとおりだろうが、SEALDｓの場合は、最初から言葉がなく、言葉の代わりにギラギラした現世的野心というか、広告代理店ビジネスの指向性というか、テレビ業界や出版業界との商売の動機と論理からの親和性が濃厚だった。私の中にある「学生運動」の概念から程遠いものに見えたことは確かである。80年代以降の学生のサークル活動や大学祭の態様が、学外のイベント業者と積極的に癒着する方向に走り、いわば、文科省に先んじて新自由主義的な「産学協働」を実践し、学生たちが拝金主義のカルチャーを全面肯定していた事実を、私はここで想起せざるを得ない。小遣い稼ぎと卒業後のコネ作りを愉しみながら、彼らは「古い時代の学生」像を嘲笑い、「大学は真理探究の場」とする理念に唾を吐いていた。その若者の意識は、戦後社会科学を否定し、戦後日本の倫理思想を否定する、脱構築主義のイデオロギーと重なっていた。

辺見庸が、「この社会システムが必要なのは購買者・消費者としての人間であって、怒る人間とか変革する人間ではないということだと思うんです」と言うときの、「この社会システム」とは、単に一般的な今の現実社会を意味しているだけではなくて、ＳＥＡＬＤｓ運動の信者になってデモで単純コールを連呼し、ＳＥＡＬＤｓ関連の商品（グッズ）を店頭で購入して満足な気分になっている左翼リベラルの大衆と、そのマーケットとインダストリーの「社会システム」をも指しているのではないかと、そう思われてならない。

左翼リベラルの世界が業界化して無思想に固着し循環しているという問題点を、私は２０１４年の都知事選のときに提起し、「業界左翼」とか「東京左翼」とかの造語で説明を試みたことがあったが、２０１５年のＳＥＡＬＤｓ現象は、その認識への確信をさらに深めるものだった。早い話が、ＳＥＡＬＤｓの学生はＳＭＡＰであり、しばき隊（学者）はジャニーズ事務所で、国会正門前交差点北東角の狭い空間に屯する著名人や出版編集者やカメラマンの一団は、テレビ局のプロデューサーなど芸能界のスタッフだという構図になる。

辺見庸の言うとおり、ＳＥＡＬＤｓには言葉がないが、ＳＥＡＬＤｓの父兄（内田樹や高橋源一郎や小熊英二ら）にも言葉がなく、ＳＥＡＬＤｓのファンである左翼リベラル大衆にも言葉がない。消費だけがある。父兄には事業の超過利潤の蜜がある。

インタビューの趣旨として辺見庸が述べたことは、この半年以上、ずっと辺見庸が日記で論じてきたことで、その一つの核心は、新自由主義の現実に対する対抗思想としてのマルクスの資本主義批判であり、『経済学・哲学草稿』における疎外論の強調である。インタビューには、「疎外」という言葉は登場するが、マルクスの名前も出ないし、『経済学・哲学草稿』も紹介されてない。が、辺見庸が声に出して言いたい中身はそこにあり、資本主義の本質的矛盾を抉出し、人間の生き方と資本主義との関係を洞察したマルクスの哲学の意義だっただろう。

辺見庸が言っているところの、「怒りの芯」がないとか、変革の端緒がないとか、資本主義を批判する契機がないというのは、要するに、そこにマルクス的なラディカルな思想性（社会主義）がないという意味だ。ただ、朝日の紙上でそれを直截に言挙げすれば、何か浮いた感じになり、古臭く教条的なイメージになって説得力が失われるので、中身を並べるのは省略したのだろう。１９６０年代、学生運動が盛んだった頃、初期マルクス、特に『ドイツ・イデオロギー』と『経済学・哲学草稿』は聖典のような扱いで知識人に読まれ、若者たちに広く読まれた。廣松渉や古在由重や真下真一の注釈を手がかりに、『資本論』のように分量がなく頁数が薄いことを頼りにして、難解だけれども皆がそれを精読した。自主的に読書会を作って、労働論、疎外論、貨幣論、私的所有論、類的存在論、等々のエッセンスを学んだ。

どんなことが書いてあるのか。こんなことが書いてある。

「労働者は、彼が富をより多く生産すればするほど、彼の生産の力と範囲とがより増大すればするほど、それだけますます貧しくなる。労働者は商品をより多く作れば作るほど、それだけますます彼はより安価な商品となる。事物世界の価値増大とぴったり比例して、人間世界の価値低下がひどくなる。（略）さらにこの事実は、労働が生産する対象、つまり労働の生産物が、ひとつの疎遠な存在として、生産者から独立した力として、労働に対立するということを表現するものにほかならない。国民経済的状態（資本主義）の中では、労働のこの実現が労働者の現実性剥奪として現われ、対象化が対象の喪失および対象への隷属として、（対象の）獲得が疎外として、外化として現われる。（略）すなわち、労働者が骨身を削って働けば働くほど、彼が自分に対立して創造する疎遠な対象的世界がますます強大となり、彼自身が、つまり彼の内的世界がいよいよ貧しくなり、彼に帰属するものがますます少なくなる、ということである。（略）彼がより多くの価値を創造すればするほど、それだけ彼はますます無価値なもの、ますますつまらぬものとなる。（略）彼の対象がよりいっそう文明的になればなるほど、それだけ労働者は野蛮となる。労働が強力になればなるほど、それだけ労働者はますます無力となる」（岩波文庫Ｐ86～90）。

「シェークスピアは貨幣について特に二つの属性を浮き彫りにしている。(1)貨幣は目に見える神であり、一切の人間的なまた自然的な諸属性をその反対のものへと変ずるものであり、諸事物の全般的な倒錯と転倒である。（略）(2)貨幣は一般的な娼婦であり、人間と諸国民との一般的な取り持ち役である。（略）こうしてまた貨幣は、個人に対しても、そしてそれ自身本質であると主張する社会的等々の紐帯に対しても、こうした転倒をさせる力として現われるのである。それは誠実を不誠実に、愛を憎に、憎を愛に、徳を悪徳に、悪徳を徳に、奴隷を主人に、主人を奴隷に、愚鈍を理知に、理知を愚鈍に変ずる。実存しつつあり活動しつつある価値の概念としての貨幣は、一切の事物を倒錯させ置換するのであるから、それは一切の事物の全般的な倒錯と置換であり、したがって転倒した世界であり、一切の自然的ならびに人間的な性質の倒錯と置換である。（略）人間を人間として、また世界に対する人間の関係を人間的な関係として前提してみたまえ。そうすると、君は愛をただ愛とだけ、信頼をただ信頼とだけ、その他同様に交換できるのだ。（略）もし君が相手の愛を呼びおこすことなく愛するなら、すなわち、もし君の愛が愛として相手の愛を生み出さなければ、もし君が愛しつつある人間としての君の生命発現を通じて、自分を愛されている人間としないならば、そのとき君の愛は無力であり、一つの不幸である」（同Ｐ１８３〜１８７）。

この著作はマルクス26歳のときのもので、燃えるような理想主義と詩的感性で筆が運ばれた哲学書の傑作だ。この一冊も、あるいは『ドイツ・イデオロギー』も、「世に倦む選書」の中に収めたかったが、日本の民主主義を考える上での必読文献というテーマに焦点を絞ったため、ソクラテスとかマルクスの古典は選外に置かざるを得なかった。マルクスの初期古典での本質的な資本主義批判は、ものの見方考え方として、70年代以前の学生には一般的に教育され、基礎的な教養として身につけられていたものだ。

今、資本主義批判の理論が教育されないため、上に紹介したような思想は人々の常識になっていない。「マルクス」や「社会主義」には悪性のレッテルが貼られ、デフォルトで排斥され、猛毒の化学薬品のような扱いで封殺処分されていて、人が接近することすらできない邪教になってしまっている。

辺見庸にインタビューした二人の朝日の記者も、この著作を読んでないだろうし、話を聞きながら『経済学・哲学草稿』が念頭に浮かぶということはなかっただろう。マルクスの顔が浮かんだかどうかも怪しい。「古臭い昔の左翼の話だなあ」と、興味を持てずに斬り捨てていたに違いない。２年前、「業界左翼」や「東京左翼」なりの範疇を思いつき、納得しながらそれをタームとして使っている私は、昨年より、ＳＥＡＬＤｓ運動やしばき隊学者の所業を見ながら、また新しい造語の着想を閃いてしまった。それは、「植民地左翼」と「反体制資本主義」という二つの語だ。

ＳＥＡＬＤｓ運動のプラカードは横文字ばかりが並んでいた。また、あのワンパターンのコールが、米国の市民運動のモノマネだということは当事者が自ら証言している。しばき隊学者は、現代のアメリカの政治運動の研究が専門らしく、他のことは何も知らず、古典研究もしておらず、およそ日本の政治学者の一般像とは程遠いところにある。通常、政治学者とは思想史の研究領域を持つ者を指すものだ。このところ、日本の政治学者は社会学者と同じ存在になってしまった。革命家のレーニンは、帝国主義の研究を通じて「労働貴族」という概念を編み出し、政治の一般用語として定着するところとなった。「業界左翼」「東京左翼」「植民地左翼」「反体制資本主義」、私もチャレンジをしようと思う。

（16年1月22日）

おわりに

本を書くということ、本を出すということはどういうことだろう。今回、鹿砦社からお話を頂戴して、SEALDsとしばき隊に関してブログに書いてきた論稿を一冊の本に纏めていただく機会を得た。ブログを書き始めて足かけ12年になる。本人の主観としては、どれも一筆入魂で、人が読んで意味のある、それぞれのテーマで議論の材料として有益な、マスコミの視点や解説の欠落を補ったところの、十分な価値のある本格的な分析と問題提起を発信してきたつもりだった。

ブログの読者から、何度も何度も、どうして本を書かないんですか、どうして本を出版しないんですかと、マスコミに出るのが嫌なんですかと、何か理由があるんですかと、これまで何度メールをもらったことだろう。別に、私自身が故意にそれを避けてきたわけではない。そういう機会が与えられなかっただけだ。

ブログを書きながら次第に分かったことは、著書を出版社から出しているという事実が、当人にとって自己紹介の大事なプロフィール情報となり、世間から評価を受ける社会的なステイタスとなっているという、ごく当たり前のことだった。12年前にブログを始めた頃は、インターネットの中で革命を起こしてやるのだという若い気概と野心に私は溢れていた。大学教授の肩書きを持たない無名の者でも、定価のついた紙に印刷された文字群（プラトンの嫌いな）を書店に並べなくても、中身で勝負して、議論と提案の品質でそれらを凌駕し転覆し、知識とは何か、有意味なロゴスとは何かを力業で証明して、新しい地平を築いてやるのだという楽観と自信に満ちていた。アテナイの路上で言論（弁証法）の格闘を試みたソクラテスのように。

だが、結局のところ、私について関心を持つ者は、「世に倦む日日」というブログの言論に直截に価値を認めるのではなく、『丸山真男の思想がわかる本』という一冊の本を出したという実績から人物を鑑定し、そこで単純な評価を決めていた。12年経ち、私のドンキホーテ的な野望はすっかり挫かれて年月が経ってしまった。

今日、政治について、社会について、その動きを知ろうとする者はネットを見る。意味を探り出そうとする者はネットを検索で掘り返す。情報はネットの中にあり、言論はネット空間の中を飛び交っている。そして、情報を受ける物理媒体のプラットフォームがＰＣからスマホに移行しつつあることもあり、言論はより短くて薄い、ＳＮＳの仕様サイズに収まるテキストにシフトしていて、１４０字の言葉の切片と弾雨が政治を動かす上で重要な役割を果たす状況になっている。Facebookも Twitter も、読むのも書くのも無料だ。ブログも無料である。

無料であるということは、無価値であるということになる。今、誰もが、個人にとっては膨大なエネルギーを注いでブログを書き、FacebookやTwitterで情報発信の活動をやっている。それぞれに目的を持ち、持てる知識と感性と思考力と表現力を動員して、人に多く読まれ社会に影響を与えるべく電子化テキストのコンテンツを生産している。だが、それらの活動は基本的にマルクスの言う価値を生む労働にならない。アウトプットは労働の生産物としてよく成立し得ず、商品として交換される市場を形作ることができない。価値形態を確立できない。等価形態の価値形態と交換されるところまで行かない。資本主義経済の市場商品とならない。かつてイリイチは、シャドウ・ワークという概念を立論し、価値にならず報酬を受けない、労働力再生産過程の家事労働の問題を分析し提起したが、経済学的な原理論としてそうした問題系に類似したような、今日のネットの電子テキスト情報生産の皮肉な現実がある。

一方で、マルクス的な生産力論の視点からすれば、人がより物質的労働から離れて精神的労働の比重を大きくすることは、社会がより豊かになり、人間が人間らしい理想の生き方に近づき、資本主義社会を止揚する次の黄金の未来へ接近していることを意味しているはずだ。『ドイツ・イデオロギー』の「朝（あした）には狩りを、夕餉の後には批評を」の夢の王国の到来をそれは意味するはずで、インターネットにおけるブログやSNSの情報世界の充実と進化は、本来、そうした人類史的な生産力革命の証明あるいは予兆であるはずなのだ。

だが、逆に、ブログやSNSに価値を与えれば与えるほど、価値ある作品形態としてその完成度を上げて存在感を高めるほど、新聞や雑誌や刊行書籍を相対化すればするほど、それを行った人は貧乏になる。無駄なことに時間を費やし、無駄なエネルギーを注いだことになる。疎外される。親切でやさしい赤の他人に、「どうしてあなたは本を出さないんですか?」と心配されて深く傷つく羽目になる。

また同時に、価値ある情報形態の生産あるいは創造として社会的に認められようとして、無名の者がブログの作品性を上げ、評判を上げれば上げるほど、言論の影響力を持てば持つほど、そのことは、逆に、ネットで発信している情報はただなのだという意識と観念をより強固にする結果に導かれ、ネットに新しくビジネス参入する才能を持った者の機会を奪う条件を作り出してしまう。

だが、ときどき書店に入り、これが売れている本だと陳列されているものを手に取って目を落としたとき、どうしてこんなものに1000円だの1500円だのの値段が付き、多く購入され、市場的に回転して、著者が人気者の文化人として評価されるのだろうと、呆然として気が滅入ることは何年経ってもやまない。どのように自分の主観を切り換えて時代の流れに順応しようとしても、どうしてもそれが不可能で、開く一方の時代と自分とのギャップに絶望させられる。どうして池上彰が、どうして佐藤優が、どうして内田樹が、どうして香山リカが、どうして古市憲寿がと。どうしてそれらが、知識と教養の名において市場でダイナミックにリーズナブルに消費され流通されるのか。収入が減って生活が苦しいはずの庶民の財布の現金と、それらの（マルクス的に言えば大いに使用価値に疑問のある）商品が快適に勢いよく交換されて、ハッピーに「神の見えざる手」の予定調和が完結するのか。

パラドクシカルなことに、90年代後半からのインターネットの普及とネットでの情報と言論の充実と拡大と影響力の増大は、観察するところ、パラレルにマスコミの権力を強め、大学教授や弁護士などの既成の職業専門家の地位を高め、著作を出している者の信用を高めるという方向に繋がった。無名で無資格の市民一般が弱くなり、市民的主体性の前提的な期待値というか、教育を受けて社会人になって出た者の一般的な質量感が小さくなり、大学教授や弁護士やマスコミの人間が市民社会から隔絶された特権的な貴族世界で群れ集まり、言論を仕切り、政治を操縦し、貧しい大衆を睥睨して小バカにするという図が現出してしまっている。市民は何やら前近代的な、ボロを着た貧相で薄汚れた庶民の群れとなり、「ありがとうごぜえます」と既成の権力者に頭を下げ、媚を売り、有名大学のブランドを信仰し、大学教授や弁護士やマスコミのタレント論者を貴族階級のように仰いで持て囃すという現状になった。ショーンKが活躍する時代になり、経歴だけがものを言う時代になり、報道番組に出演するコメンテーターのテロップに表示されるプロフィールが注目され説得力を持つ時代になった。

市民が劣化し、アカデミーもマスコミも劣化し、すべてが劣化した。

昨年10月の渋谷駅前で起きたことは、些事ではあるが忘れられない。ＳＥＡＬＤｓの学生たちが駅北口の交番前にステージを設営してデモ（集会）のイベントを催していた。安保法が成立して1か月後のことだ。例によって、手拍子をとって「なんだあ、これだあ」のコール・ルーティンを演じていたのだが、その間に司会の女の子がＳＥＡＬＤｓの2冊の新刊本を執拗に宣伝する場面があった。

そのとき、彼女は、出版社の名前を「河出出版」「大月出版」とマイクで紹介したのである。「なんだあ、これだあ」のパフォーマンスの後、必ず念を押すように宣伝をして、デモ参加者である聴衆に購入を促すのだが、「河出出版」「大月出版」と繰り返し大きな声で言い、最後まで言い直すことはなく、間違いましたと訂正する場面はなかった。彼女は、自分たちが本を出す出版社の正式名称を知らなかったのだ。どんな出版社かも何も知らないのだ。

そしてまた、周囲にいたＳＥＡＬＤｓの面々や集会スタッフも、彼女の間違いに気づかないか、その間違いを重要な瑕疵だとは認識することがなかったのだ。さらに、渋谷駅北口の交番前の現場には大月書店の編集者までスタンバイしていて、Twitterでヘラヘラと、新刊本の宣伝に感謝する旨の書き込みをして発信していた。

ＳＥＡＬＤｓの実体が何か、ＳＥＡＬＤｓの知性の水準がどの程度のものであるか、そのことを否応なく証拠づける出来事である。他の一般学生や理工系ならいざ知らず、「政治に関心を持っている」ことを売りにして訴求しているところの、「自由と民主主義のための緊急行動」を名乗る学生運動のメンバーが、河出書房新社と大月書店を知らないということはあってはならないことだ。学生といえども無知と軽率と非常識を問われる事実だ。果たして、内田樹などが批判して言うところの「反知性主義」の現実は、あるいはそれに類する問題系は、この国の右翼の集合だけにレッテルを貼って済ませられる問題だと言えるだろうか。

私は、現場にいたこの大月書店編集者の態度を許せない。これはまさに自社が侮辱され、軽んじられ、衆目の前で恥をかかされた痛恨の瞬間ではないか。そしてまた、大月書店の立社の原点と経営の矜持の立場に立てば、このような無知で軽薄な学生集団に新刊本を出させたことを、そうした新事業に迂闊に手を出してしまったことを、恥辱と心得て赤面し懊悩しなくてはいけない不覚と失態のハプニングではないか。知識なるものが軽んじられ、知識にコミットする者の尊厳が犯され、戦後日本の知識の歴史が凌辱された容認できない事件に思われた。

マルクスは晩年、人に問われて、最も嫌いな悪徳は卑屈だと言っている。そのことは、リベラルの世界に属する者なら誰でも知っている常識である。卑屈とは、辞書によれば、「必要以上に自分を卑しめて、他にへつらうこと」だ。この場にいた大月書店編集者（岩下結）の態度は、まさに卑屈そのものではないか。

大月書店という出版社は、何を生業にして生きてきたのか。誰の古典の翻訳を仕事にして会社を営んできたのか。ＳＥＡＬＤｓの本を出せば売れるから、売上が上がって利益が転がり込むから、著者の学生たちが自社の名前を知らず事業を知らず、「大月出版」などという珍妙な名前を付けてくれても、嬉しそうにペコペコして揉み手で愛想を振りまくのか。それは、大月書店にとって資本主義に対する屈服を意味するのではないのか。それは、大月書店にとって自己否定であり、さもなくば醜悪な自己欺瞞ではないのか。

学生の頃、表紙に麦の穂がデザインされた、黄色と青色のカバーの文庫本シリーズを何冊買い、難解な一字一句の追跡と反芻に神経を集中させ、眼光紙背に徹して古典を習得するチャレンジに没頭したことか。あの糊綴の品質の不具合な、他社の製品と比較して明らかに原価コストを吝嗇した経営手法が窺える粗悪な文庫本は、すぐにページが離れてバラバラになり、新しい一冊を買い換えなくてはならず、当時の貧乏学生たちを困惑させた。けれども、知識することが何より崇高で神聖なものだと信じていた私たちは、惜しむことなく、それを本郷の小さくても志操の高い、偉大な事業を継承してくれている出版社に対するカンパだと心得て、むしろ一冊目を読み破った勲章のように無邪気に感じ、二冊目を喜んで買い込んでいたのである。

昨年10月の渋谷の出来事は、そうした過去の記憶を踏みにじるものであり、過去から大事に守ってきた知識と学問の信仰を裏切られ、ひどく傷つけられたものだった。ＳＥＡＬＤｓの学生たちの中で、一冊でも国民文庫を読んだ者はいないだろうし、そのような古典の文庫本体系があることを知る者はいないだろう。否、大月書店の名前も知らないくらいだから、大月書店がどのような本を出してきたか、戦後の知識人を育ててきた社業の歴史を知る者はいないだろう。

本を出すということ、本を書くということはどういうことだろう。本書のあとがきに添えるエピソードとして、昨年10月の渋谷のＳＥＡＬＤｓのデモの際に起きた一つの文化事件に触れずにはいられなかった。

本書が、私たちがＳＥＡＬＤｓとしばき隊を乗り越える運動と政治の地平を展望する、そのイマジネーションに点火するイスクラ（火花）となることを願う。

最後に、本書を企画していただいた鹿砦社の松岡利康氏と関係者の皆様に深く感謝を申し上げたい。

（本文中敬称略）

２０１６年５月

【著者プロフィール】
田中宏和（たなか・ひろかず）
1957 年生。岡山大学法学部卒。東洋政治思想史専攻。HP『市民のための丸山真男ホームページ』を制作。後に著書『丸山真男の思想がわかる本』（2007 年秀和システム）として出版。
ブログとツィッター『世に倦む日日』を公開、配信。
世に倦む日日：http://critic20.exblog.jp/
ツイッター：@yoniumuhibi

SEALDsの真実
―― SEALDsとしばき隊の分析と解剖

2016 年 6 月 1 日　初版第 1 刷発行
2016 年 6 月 3 日　初版第 2 刷発行

■著　者　田中宏和
■発行者　松岡利康
■発行所　株式会社 鹿砦社（ろくさいしゃ）
（本社／関西編集室）〒 663-8178
兵庫県西宮市甲子園八番町 2-1-301
TEL 0798-49-5302
FAX 0798-49-5309
（東京編集室／営業部）〒 101-0061
東京都千代田区三崎町 3 丁目 3-3-701
TEL　03-3238-7530
FAX　03-6231-5566
URL　http://www.rokusaisha.com/
E-mail　編集● editorial@rokusaisha.com
E-mail　営業● sales@rokusaisha.com

■装　丁　鹿砦社デザイン室
■印刷所　吉原印刷 株式会社
■製本所　株式会社 越後堂製本

ISBN978-4-8463-1112-4　C0030
落丁、乱丁はお取り替えいたします。お手数ですが、本社までご連絡ください。